Prix : 1 franc. — 1er Févri[er]

La Contre-Révolution

Série de Pamphlets

1re Série   **HOMEM CHRISTO, FILHO**   N° 1

PARIS — 18, rue Notre-Dame des Victoires, 18 — PARIS

La Restauration Monarchiste en Portugal

« Le mouvement royaliste portugais n'est pas la revanche d'un parti politiquement vaincu, ni une lutte stimulée seulement par la satisfaction d'un simple caprice dynastique ; c'est réellement et effectivement l'expression de la volonté nationale qui voit, dans la restauration de la Monarchie, le seul moyen de salut de la Patrie. »

DOM MANUEL, ROI.

(Paroles de la dernière proclamation du Roi de Portugal.)

O POVO DE AVEIRO

NO EXILIO

Journal Royaliste Portugais

paraissant à Paris
tous les Mercredis

publie chaque semaine un article en français de HOMEM CHRISTO, FILHO pour informer le public étranger sur les agissements de la " Camorra " de Lisbonne.

DIRECTEUR :

Francisco Manuel Homem Christo

RÉDACTION & ADMINISTRATION :

18, rue Notre-Dame-des-Victoires, 18

PARIS

Prix du numéro : 25 centimes

S. M. le Roi Don Carlos

SOMMAIRE

A

MON PÈRE

dont je cherche à suivre
l'exemple et à honorer le
nom glorieux,

témoignage de ma pro-
fonde admiration, de ma
vive gratitude et de mon
entière solidarité.

HOMEM CHRISTO, FILHO.

1er Février 1908

L'Assassinat du Roi Don Carlos
et du Prince Don Luis Philippe

———

C'est aujourd'hui le cinquième anniversaire de l'assassinat du Roi don Carlos de Portugal et du Prince Héritier don Luis Philippe.

Tout le monde se souvient du crime monstrueux qui priva la nation portugaise de son souverain aimé et du jeune prince de vingt ans victime de la haine féroce de la bande qui, après avoir commis un double assassinat, s'empara du pouvoir par surprise, grâce à la trahison d'un ministre indigne attaché pour toujours au poste de l'ignominie.

Les assassins, aujourd'hui encore impunis, ont continué, triomphants, leur œuvre scélérate.

L'heure de la justice est lente à sonner. Les patriotes portugais gardent pourtant le ferme espoir qu'elle ne se fera plus attendre longtemps et que le jour s'approche où ils pourront enfin venger la mémoire du souverain glorieux mort courageusement à son poste alors qu'il tentait un suprême effort pour sauver sa Patrie et faire revivre son Peuple qui fut, jadis, le plus grand de la Terre.

Il est un Fils qui veut venger la mémoire de son père ; un Frère qui garde intact le souvenir du jour où tomba mort, à ses côtés, après avoir exécuté sur le champ, d'un coup de revolver, le misérable régicide, son frère aîné ; un Roi qui pense à la Patrie distante, accablée sous le poids des pires malheurs et qui lutte, avec une persistance et une ténacité admirables, pour son salut.

Que l'Europe tourne vers lui ses yeux et qu'elle attende.

On n'entendra peut-être pas sa jeune voix. Mais on entendra sans doute la voix puissante de six millions d'êtres qui l'acclament et le grondement du canon qui annonce au monde le réveil d'un peuple vigoureux qui veut vivre et qui a le droit de vivre.

H. Ch., F.

Un Grand Roi

Lorsque le roi Carlos, impressionné par l'extension de la propagande républicaine dans le pays, fit démissionner inopinément le cabinet que présidait Hintze Ribeiro pour confier le pouvoir à M. João Franco, cette sorte de révolution pacifique dans le système traditionnel de la monarchie portugaise provoqua de la part des républicains, les plus vives et les plus bruyantes manifestations de contrariété.

Que le geste du roi Carlos ait rencontré de la part des éléments avancés un tel accueil, est, à première vue, chose surpenante, étant donné que la nouvelle orientation indiquée ainsi par le monarque venait proscrire du gouvernement le parti conservateur pour laisser place à l'homme le plus qualifié pour satisfaire les plus urgentes revendications d'ordre politique et administratif formulées jusqu'alors par le parti républicain. En effet, le programme que M. João Franco — le futur dictateur — avait défendu dans l'opposition et que, du reste il exécuta au pouvoir durant une longue période, était au point de vue politique, d'un libéralisme quasi radical ; en même temps, la parfaite honorabilité personnelle de ce chef de parti et des hommes qui l'accompagnaient était la plus sûre garantie d'une rigoureuse moralité dans la gestion financière et administrative de l'Etat.

Mais c'est cela même qui détermina l'hostilité des factions révolutionnaires.

La propagande républicaine en Portugal s'exerça toujours d'une manière purement négative. Aussi bien dans la presse qu'à la tribune des meetings ou du Parlement où les républicains eurent durant de longues années, des représentants, les chefs de ce parti qui se proposaient d'exercer le pouvoir n'ont jamais présenté des solutions positives aux grandes questions politiques portugaises qui se réduisent en somme à une demi-douzaine.

Ainsi la révolution républicaine ne put jamais préconiser comme urgent d'exécuter telle ou telle pensée de gouvernement, telle ou telle grande réforme des finances, de l'enseignement, de l'administration coloniale, de la constitution politique ou sociale du pays.

Les propagandistes républicains se limitaient à faire aux populations rurales de vagues déclarations et de grossières promesses (le ministre actuel de la république à Paris, M. João Chagas, fit toute une campagne électorale, sans succès du reste, en promettant que dès l'avènement du nouveau régime, la morue ne coûterait pas plus de 30 centimes le kilo), résumant pourtant toute la doctrine dans ces deux principes fondamentaux : abattre la tyrannie et bannir l'immoralité de l'administration.

On comprend que, dans ces conditions, pour faire subsister le parti républicain, pour qu'il puisse conserver sa raison d'être, il fallait que la tyrannie *existât*, que l'immoralité *existât* — sinon de fait, du moins d'apparence.

Pareils à ces fameux traqueurs de loups qui provoquaient secrètement la multiplication de ces bêtes féroces afin de conserver leur gagne-pain et qui, faute de loups, allaient hurler eux-mêmes à l'entrée des villages, — nos républicains se chargeaient de maintenir le pays sous l'impression que les despotes et les exploiteurs pullulaient, dans la monarchie, autour du pouvoir.

En réalité, les choses se passaient, naturellement, d'une manière bien différente de ce que les adversaires de la royauté voulaient le faire croire.

Il n'y a peut-être pas un pays dans l'Europe tout entière où la liberté de propagande et la liberté de critique des pouvoirs constitués et des personnes qui les représentaient — à commencer par le roi — s'approche des extrêmes de licence atteints en Portugal au temps de la monarchie.

Des militaires d'un grade élevé tels que le général Dantas Baracho, l'amiral Reis qui fut un des chefs de la révolution de 1910 ne dissimulaient nullement leurs opinions républicaines. Beaucoup de gros bonnets révolutionnaires dont les noms sont aujourd'hui connus à l'étranger — M. Théophilo Braga, M. Bernardino Machado, M. Affonso Costa et tant d'autres — n'étaient nullement troublés dans leur persistante campagne contre les institutions par le fait d'être, comme ils étaient, fonctionnaires de l'Etat monarchiste.

Au point de vue de la moralité administrative, il suffit de dire que les républicains, ayant décidé au lendemain du triomphe, alors qu'ils possédaient *tous* les moyens d'investigation, de faire des enquêtes sur les différents bureaux de l'Etat, ne réussirent à compromettre aucun politicien monarchiste et qu'un des deux seuls fonctionnaires contre lesquels on rencontra des éléments de culpabilité était précisément... républicain.

Pourtant, l'appel de M. João Franco au pouvoir avec son programme radical et son inattaquable prestige d'homme de bien, retirant aux révolutionnaires la moindre apparence de justification de leurs assauts aux pouvoirs publics, explique, sinon justifie, leur désappointement devant cette mesure intelligente du roi Carlos.

Un des chefs politiques actuels de la République, M. Antonio J. d'Almeida, faisant allusion dans un meeting au système de large tolérance adopté par le nouveau cabinet, exprima son dépit par cette phrase qui est une hérésie dont tous les libéraux et démocrates apprécieront la piquante saveur : « Nous n'acceptons pas les libertés que João Franco veut nous donner ! » Un autre *leader* révolutionnaire, M. Brito Camacho, inquiet de voir le gouvernement libéral déloger les républicains de leur poste de *souteneurs de l'oppression*, écrivait dans son journal : « *Plus de libertés il donnera, plus de libertés nous exigerons. Nous le contraindrons aux transigeances qui abaissent ou aux violences qui compromettent !* »

M. João Franco a défini synthétiquement les mobiles de la guerre acharnée que lui faisaient les républicains dans cette explication pittoresque : *Eux et moi, nous sommes des chasseurs qui battons le même terrain...*

La vérité est que la promesse de M. Brito Camacho citée plus haut résumait tout le programme que le parti républicain devait suivre désormais en face du gouvernement libéral et du roi qui le maintenait, le programme complet, y compris le régicide.

Les républicains ne pouvaient pas forcer M. João Franco à discréditer la monarchie dilapidant les fonds publics ; ils ne pouvaient pas non plus le contraindre aux *transigeances* qui abaissent, cela étant incompatible avec le caractère de cet homme public, de ses collègues, du parti qu'ils représentaient et du chef d'État qui les gardait au pouvoir — mais il leur était toujours possible de l'amener aux *violences qui compromettent*.

Et ce fut ainsi que les républicains déchaînèrent le tumulte et l'anarchie dans le pays.

Il y eut un moment où le gouvernement, comprenant que seule une répression violente pourrait maîtriser les agitateurs et mettre fin au désordre qu'ils fomentaient, offrit au roi sa démission. Mais le roi vit très bien que le gouvernement d'autorité que les circonstances exigeaient ne pouvait être autre que le même qui avait fait preuve d'un sincère désir de mettre en exécu-

S. A. le Prince Don Luis-Philippe

tion un large programme de tolérance et de réformes libérales, celui de M. João Franco. La réussite de ce dernier était assurée par le triomphe du pouvoir sur la tentative révolutionnaire du 28 janvier, lorsque le fait individuel de l'assassinat du roi vint anéantir son œuvre marquant d'une large tache de sang le commencement de la débâcle nationale qui, depuis lors, s'est accentuée de jour en jour.

Ce résumé des faits qui précédèrent et déterminèrent le régicide est le plus grand hommage que l'on puisse rendre à la mémoire d'un roi mort à son poste au moment même où il cherchait courageusement à user des prérogatives de son pouvoir comme d'une barrière protectrice contre les progrès de la vague de boue qui menaçait déjà de submerger le pays. L'horrible spectacle de malheur et de ruine qui suivit sa mort est le meilleur éloge de la grande personnalité du monarque assassiné en pleine rue le 1er février 1908.

Entre le Portugal de Don Carlos et le Portugal d'aujourd'hui il y a un abîme. Cet abîme s'ouvrit le jour de la disparition de celui qui fut à la fois grand homme et grand roi.

ANNIBAL SOARES.

L'État actuel de la Question Portugaise

« Ah ! En Portugal, en fait, il n'y a pas de gouvernement. C'est une république oligarchique, un sophisme odieux de la démocratie, une république seulement de nom, seulement d'étiquette, parce qu'il n'y a aucun respect pour la souveraineté populaire...

« ... Nous vivons dans une dictature permanente, mais la pire des dictatures, parce que c'est la dictature des bandes ! C'est la canaille des rues qui ordonne, c'est la tyrannie des repaires qui commande !

« Misère suprême ! Suprême honte ! »

ANTONIO JOSE d'ALMEIDA

*Un des fondateurs du régime, ministre
de l'Intérieur
du gouvernement provisoire
chef du parti Républicain Evolutionniste.*

Pour comprendre la situation portugaise telle qu'elle est, il faut être entièrement dénué de parti-pris et s'abstenir de toute préférence de parti.

Cette question portugaise dont on parle tant et qui a tendance à s'aggraver chaque jour, est, en fait, d'une grande simplicité. Pourtant, pour la comprendre et en prévoir le dénouement, il faut remonter aux débuts du régime constitutionnel et lancer un coup d'œil rétrospectif sur les dernières années de la monarchie.

La révolution constitutionnelle de 1820, qui fut continuée et complétée de 1828 à 1834, trouva le peuple portugais sans aucune préparation pour comprendre le régime constitutionnel, comme la révolution républicaine du 5 octobre 1910 le trouva sans aucune préparation pour comprendre le régime républicain. Ceci est la cause fondamentale du désordre où vit la nation depuis un siècle, désordre qui menace de la conduire à la ruine.

L'avènement du régime constitutionnel ne répondit nullement à un besoin de la majorité nationale, pas plus qu'à un mouvement spontané du pouvoir; il fut violemment imposé par une minorité séduite par le mouvement intellectuel étranger et qui ne savait pas comprendre la vie réelle de son pays où l'ignorance du peuple rendait impossible le fonctionnement régulier de la constitution. De véritables bandes politiques s'organisèrent sans autre but que d'exploiter l'ingénuité populaire.

La souveraineté populaire était la base du nouveau régime. Mais que pouvait bien être cette souveraineté dans un pays où, après plus de quatre-vingts ans, il y a encore aujourd'hui 75 0/0 d'illettrés? C'était une fiction qui devait devenir un terrible élément de démoralisation. Le peuple méconnaissait totalement l'importance morale et l'importance politique du suffrage; mais, malgré cela, il avait l'impression qu'on lui donnait une force dont l'emploi serait d'un effet décisif. Il commença donc à marchander selon les intérêts du moment; s'il ne vendait son suffrage il le donnait à celui qui savait le mieux profiter de sa naïveté ou de son ignorance.

De cette façon la vieille morale catholique et conservatrice était gravement atteinte et la « *démocratie parlementaire* » qui ne peut subsister qu'avec la plus rigoureuse et en même temps la plus spontanée discipline sociale, devait être, et a été, une absurdité, l'opinion publique un mensonge et le régime libéral représentatif une duperie.

L'organisation d'un parti appuyé sur une opinion publique consciente et orientée était donc impossible. Des oligarchies allaient se déchirer réciproquement dans une guerre mesquine d'intérêts et d'ambitions sans qu'une force supérieure pût les retenir dans les limites du bon sens et de la pudeur.

L'étroite subjectivité, créée par l'orientation séculaire de l'éducation péninsulaire qui domine en général les Portugais, les éloigne de tout contact et de toute observation de la réalité ambiante. Ainsi, chaque fois que la situation s'aggravait par les motifs rapidement exposés plus haut, les chefs libéraux, au lieu d'aller chercher la cause du mal dans les entrailles de la nation, dans la distance qui existait entre le véritable état du peuple et les apparences de sa vie publique, ne faisaient qu'agrandir cette distance en prétendant trouver le remède dans la promulgation de nouvelles réformes importées de l'étranger.

Le régime constitutionnel vécut ainsi jusqu'au règne de Don Luis.

Vers 1870, sous l'influence de la révolution française, quelques théoriciens commencèrent la propagande des idées républicaines en Portugal et organisèrent un parti qui resta sans importance jusqu'en 1880, date de la chute des « *progressistes* ». Ceux-ci avaient fait des promesses solennelles dans l'opposition ; mais, lorsqu'ils furent appelés au pouvoir, ils durent reconnaître qu'ils ne pouvaient les réaliser, le pays ne se trouvant pas en état de comprendre les réformes annoncées. Cette faillite donna de la force aux républicains qui trouvaient un milieu favorable à la propagande révolutionnaire parmi la plèbe de Lisbonne et Porto.

En 1890 surgit le conflit avec l'Angleterre dont le nouveau parti républicain fut la cause indirecte parce que ce fut dans le but de conquérir sa sympathie que le roi Luis entama des relations secrètes avec l'Allemagne. L'Angleterre, blessée, envoya au gouvernement portugais un *ultimatum* extrêmement violent qui causa une vive agitation dans tout le pays. Les républicains, alors adversaires intransigeants de l'alliance anglaise, et aujourd'hui adulateurs du gouvernement britannique, profitèrent de cette agitation pour organiser un mouvement révolutionnaire qui éclata à Porto et qui fut facilement étouffé.

Le roi Carlos venait de succéder à son père. La plèbe de Lisbonne, licencieuse, indisciplinée, violente, regardait avec une antipathie naturelle l'homme qui réprimait les désordres et les abus. Don Carlos avait du caractère, il ne se laisserait pas insulter par les démagogues, il ne laisserait pas déchoir l'esprit d'ordre et d'autorité. Or, jamais les peuples tombés dans la démoralisation, dans le désordre et dans l'anarchie, n'ont consenti à être gouvernés par des caractères.

Le Roi comprit l'impossibilité de faire vivre le pays avec les partis existants. Mais il ne voulait pas violer la Constitution et il dut reconnaître que tous ses efforts n'avaient donné aucun résultat appréciable. Au bout de quelques années, Don Carlos se résolut à modifier les choses coûte que coûte. Il appela au pouvoir João Franco, politicien sans responsabilités dans le passé, très honnête et qui avait le sincère désir de sauver la nation du précipice fatal vers lequel elle s'acheminait à grands pas. João Franco était un parlementaire notable et connaissant l'origine du mal qui minait la politique portugaise. Son dessein était de gouverner avec le pays contre les partis pour les dominer et les soumettre à l'intérêt général, ou les éliminer définitivement de la politique. Mais il n'était ni psychologue, ni homme d'Etat. Combattu à la fois par tous les partis monarchistes et par le parti républicain qui vit en ce ministre le véritable obstacle sur la route que les autres partis s'étaient chargés de lui ouvrir, João Franco fut obligé d'avoir recours à la dictature. Il n'avait pourtant pas l'étoffe d'un dictateur. Il n'était pas énergique. Il était plutôt violent, impulsif et devait se laisser fatalement vaincre par une résistance méthodique et bien organisée. Il donna au monde l'impression d'une dictature qui n'existait qu'en apparence. Il menaça au lieu d'exécuter et ce procédé a toujours produit les pires résultats, qu'il soit employé contre les individus ou contre les collectivités. Pourtant, si les républicains belliqueux avaient laissé gouverner João Franco, il aurait sauvé la nation, et, malgré tout, son influence bienfaisante s'est fait sentir considérablement sur les finances du pays.

Mais les hommes du parti républicain se souciaient moins du salut de la patrie que du triomphe de leurs ambitions. Ils préparèrent un mouvement révolutionnaire qui devait éclater le 28 janvier 1908 et dont João Franco réussit à découvrir toute la trame. Il s'empressa d'arrêter quelques-uns des chefs de ce mouvement et, se voyant perdus, les républicains eurent recours à l'attentat personnel. Trois jours après, le 1er février, le roi Carlos et le prince héritier furent lâchement assassinés sur une place de Lisbonne.

Ce jour-là la monarchie elle-même fut gravement atteinte. Le roi Carlos tombait victime, non pas de ses défauts, mais de ses vertus. Le nouveau roi était très jeune, inexpérimenté; il venait de recevoir un coup douloureux et n'avait pas encore assez d'énergie pour continuer l'œuvre commencée. Pendant les deux années qui suivirent, ce fut moins Don Manuel que la carabine de Buissa — principal assassin de Don Carlos et du prince héritier — qui régna.

Une terreur énorme avait gagné la cour. Les reines vivaient dans l'anxiété. João Franco était démissionnaire et le parti républicain devint l'arbitre de la situation. C'était lui qui faisait, à volonté, naître et tomber les ministères et qui s'imposait avec insolence pendant que tout le monde restait accablé, sans même une protestation.

La monarchie avait perdu son prestige et sa force. Elle ne savait plus ni se faire respecter ni se faire redouter. Entre les mains d'un ministère qui avait les plus étroites affinités avec le parti républicain, elle agonisait. Les monarchistes ne se sentaient pas le courage de défendre un régime qui se livrait d'une telle façon à ses ennemis.

Ainsi fut proclamée la République.

Le parti républicain trahit depuis le premier jour sa mission historique qui devait consister dans la moralisation et dans l'éducation du peuple. Il devait être à la fois un parti de combat et de préparation démocratique. Il devait moraliser surtout par l'exemple.

Mais, hélas ! il avait, au fond, tous les vices, tous les défauts des partis *rotatifs*, sans avoir aucune de leurs vertus. Sa propagande fut toujours destructive. Le parti républicain n'a pas tenu à orienter les esprits et à mettre un terme à l'anarchie mentale et morale de la société portugaise, il n'est venu, au contraire, que l'augmenter.

Le véritable but des chefs républicains n'était pas de tirer le pays de la situation désespérée où il se trouvait, mais d'obtenir le pouvoir pour mieux satisfaire leurs ambitions démesurées. Ils n'avaient pas besoin de citoyens dévoués, conscients de leurs devoirs et de leurs droits, disposés à se sacrifier pour l'intérêt général ; il leur fallait plutôt créer des révoltés contre les institutions et pour cela ils prêchaient la haine et la vengeance au lieu de faire une forte propagande d'éducation civique. Les armes de combat du parti qui « *gouverne* » actuellement le Portugal, furent toujours la calomnie et la promesse charlatanesque d'un changement radical et instantané le jour du triomphe.

Les doctrines dissolvantes du parti républicain devaient fatalement séduire les basses classes de Lisbonne, indisciplinées et oisives, toujours étrangères à tout sentiment de saine moralité et à tout principe de justice. C'est avec le concours de cette foule hétérogène que les déma-

gogues ont réussi à troubler sérieusement les
dernières années de la monarchie et c'est encore
parmi elle qu'ils ont recruté les éléments qui for-
ment la *Carbonaria*, association secrète comprenant 32.000 vagabonds payés 6 livres sterling par
mois pour commettre, à l'abri de la loi, tous les
crimes. Cette association dont on a déjà tant
parlé à l'étranger est le principal soutien de la
République.

Aussitôt après la révolution un gouvernement
provisoire fut constitué. Il dura du 5 octobre
1910 au 19 juin 1911.

Ce gouvernement était formé des hommes les
plus notoires du parti républicain, sous la présidence de Theophilo Braga. Le portefeuille de
la justice fut confié à Affonso Costa, le grand
terroriste national, homme actif et furieusement
sectaire qui vient d'être appelé au pouvoir pour
donner le coup de grâce à la République.

Le portefeuille de la guerre fut donné au colonel Correia Barreto. Ce personnage était le
directeur des poudrières nationales, charge de
haute confiance du gouvernement pendant la monarchie. Il avait obtenu du roi cette rare faveur
et sa famille recevait une pension annuelle importante qui lui avait été accordée par la maison de Bragance. Il fabriquait en même temps
des bombes pour les *carbonarios* et, pendant la

révolution républicaine, il refusa des munitions aux troupes fidèles tandis qu'il en fournissait aux révolutionnaires.

Les autres membres du gouvernement provisoire avaient à peu près la même mentalité et la même moralité.

Que pouvait-on attendre de semblables hommes ? Il paraît que le devoir du nouveau gouvernement était de réunir autour du régime, que les monarchistes avaient accueilli sans hostilité toutes les forces vivantes de la nation, et de convoquer au plus tôt les chambres constituantes pour faire rentrer le pays dans la régularité. Il arriva justement le contraire. La plupart des hommes notables de la monarchie furent arrêtés et couverts d'injures, d'autres expulsés du territoire national et toutes les adhésions spontanées offertes au gouvernement furent repoussées.

Les journaux qui n'appartenaient pas au parti des démagogues furent immédiatement suspendus, les rédactions assaillies et pillées. La liberté de la presse fut ainsi foulée aux pieds par les apôtres de la démocratie. La liberté d'association et de réunion, la liberté d'opinion et toutes les conquêtes de la monarchie eurent le même sort. Les *carbonarios*, munis du pouvoir souverain, redoublèrent d'activité dans leur triste besogne, et le pays entra, dès lors, dans le régime de la terreur. Poussés par une véritable folie démagogique, les hommes du jour promulguèrent toute une série de lois destinées à détruire

les bases fondamentales de la société portugaise :
la famille, la religion, la propriété.

Si nous en avions la place et si la discussion
n'en devait paraître ici trop aride, rien ne serait
plus facile que de montrer quel virus de désor-
ganisation circule dans toute cette législation
improvisée.

La loi du divorce, telle qu'elle a été promul-
guée par la république, semble n'avoir qu'un but :
protéger l'adultère en général et celui de la
femme en particulier. La loi sur la presse est un
modèle de tyrannie. La loi sur le contrat de
louage a provoqué la révolte des propriétaires,
des capitalistes, de toutes les classes aisées qui
s'éloignèrent définitivement du nouveau régime.
Il en résulta pour le pays une crise économique
des plus graves et des plus douloureuses.

Enfin le régime actuel a commis la folie de
déchaîner la question religieuse dans ce pays
déjà désorganisé et affaibli par des crises très
graves. La loi de séparation est une loi de persécution et d'exploitation, une loi d'encouragement
au schisme et à l'apostasie, une loi odieuse et
funeste qui souleva l'indignation de la conscience nationale. Avant sa promulgation elle fut
lue par le ministre de la Justice, dans une grande
réunion maçonnique, à l'*Associação do Registo
Civil*, ensuite à Porto et à Braga. Ce fut dans
une de ces réunions que le ministre déclara qu'il
espérait bien que, grâce à cette loi, dans deux

ou trois générations, il n'existerait plus de catholiques en Portugal.

Enfin, pour me servir des paroles du rabbin Moïse Netter dans l'*Univers Israëlite*, c'est une loi grossière qui offense le sens commun, la décence et la tradition, une loi qui doit susciter la protestation, non seulement de l'église catholique, mais de tous les hommes impartiaux qui désirent sauvegarder les droits imprescriptibles de la conscience.

Les évêques à la tête du clergé opposèrent une vive résistance à la mise en pratique de cette loi fantastique. La lutte religieuse se déchaîna dans toute son intensité et le gouvernement redoubla de violence dans les attentats contre l'Eglise et les persécutions que l'on faisait subir à ses ministres. Tous les évêques furent exilés par des décrets du pouvoir exécutif et des centaines de prêtres furent lâchement jetés en prison.

Je n'approfondirai pas davantage l'analyse de l'œuvre législative de la république. Pour faire sur ce sujet une étude détaillée, il me faudrait tout un volume. Mais les phrases suivantes, publiées le 27 juillet 1911 dans son journal *O Intransigente*, par Machado dos Santos, chef militaire de la révolution qui proclama le régime actuel, sont significatives :

Le pays voulait une vie d'ordre et de tranquillité et on lui donna des manifestations et des désordres dans les rues.

Le pays voulait qu'on chassât de l'administration les fonctionnaires prévaricateurs et on lui donna des enquêtes bruyantes et l'impunité des coupables.

Le pays voulait une réorganisation générale des services publics et on lui donna des réorganisations partielles avec lesquelles certains furent traités en fils légitimes, d'autres en fils naturels !

Le pays voulait du travail pour assurer sa vie et on lui donna une loi sur le contrat de louage qui éloigne les capitaux.

Le pays voulait la disparition des illettrés et on lui donna trois universités et d'innombrables bacheliers...

... Chacune de ces mesures, dénuées de tout sens politique, fut accueillie par des manifestations préparées par les *carbonarios* de couleurs diverses improvisés après le triomphe de la révolution.

Alors le pays sensé, le pays croyant, qui aime l'ordre et le travail, s'est retiré, a fait le vide autour des révolutionnaires qui lui parurent animés d'un esprit de démagogie féroce, de cette démagogie artificielle contre laquelle, nous, véritables révolutionnaires, n'avons jamais cessé de protester.

Le gouvernement provisoire avait donc supprimé toutes les libertés, depuis celle de la presse, jusqu'à celle de conscience. Il avait jeté en prison ou expulsé du territoire national tous ses adversaires, voire même les simples suspects. Il avait répandu la terreur partout, du nord au sud du pays...

C'était le moment de faire les *élections*. Seulement, afin de rendre plus facile sa tâche, le gou-

vernement y introduisit une modification : les
députés furent nommés directement par le directoire du parti et leur nomination confirmée par
les voix des comités républicains des différentes
localités. C'était plus pratique et plus simple à
la fois. Le droit d'expression de la pensée à la
tribune ou dans la presse étant supprimé, les
adversaires arrêtés, toute protestation devenait
impossible.

Ainsi, il n'y eut qu'un simulacre d'élections et
un congrès du parti républicain au lieu d'une assemblée des représentants de la nation. Mais les
hommes vraiment notables du parti s'écartaient
avec dégoût du nouvel état de choses, incompatible avec leur dignité; ce fut en vain que le directoire chercha à les ramener à l'activité politique et à leur faire accepter le mandat de député
qu'il leur accordait. L'assemblée devint un congrès beaucoup moins brillant que ceux tenus dans
l'opposition, car il lui manquait alors les seuls
éléments susceptibles de lui donner encore quelque éclat. Des jeunes gens à peine sortis de l'école,
même des étudiants, des *carbonarios*, des membres des comités de province, en général des
pharmaciens, des cordonniers ou des coiffeurs, et
quelques aventuriers assoiffés de notoriété, tels
étaient alors et tels sont encore aujourd'hui les
rédempteurs de la patrie.

La première résolution importante du Parlement fut de voter à ses membres une subvention
annuelle de 6.000 francs sans laquelle ils décla-

raient ne pouvoir subvenir à leurs besoins maté-
riels (1). Ensuite le Parlement vota une propo-
sition de récompenses aux *héros de la révolution*.
Machado dos Santos, chef des troupes qui proclamèrent la république, simple commissaire de
marine de 3° classe, fut nommé capitaine de vaisseau et touche une pension annuelle de 15.000 fr. ;
il reçoit cette pension, plus sa solde de capitaine
de vaisseau et sa subvention de député. Des ser-
gents furent promus capitaines, des lieutenants
devinrent commandants et ainsi de suite.

Plus de trois cents révolutionnaires civils re-
çurent en récompense de hautes fonctions dans
l'Administration publique.

Parmi les hommes qui composaient l'assemblée, il n'y en avait pas un seul capable d'une
idée politique et sociale, d'un plan de réformes,
d'une orientation définie sur les problèmes com-
plexes de la vie nationale.

Aussi, dès que la question des récompenses
aux « héros » fut décidée, surgit la lutte des va-
nités, des intérêts en jeu. Des discussions violentes éclatèrent ; des insultes, des menaces furent
échangées. L'Assemblée constituante devint un
véritable centre d'anarchie et le témoignage irréfutable de la médiocrité, de l'incompétence du
parti républicain dans la gestion des affaires de
l'Etat. Pour satisfaire la démagogie et la carbonaria, un député propose alors que tous les

____

(1) Sous la monarchie, aucune subvention n'était accordée aux
députés depuis 1892.

S. M. le Roi Don Manuel

fonctionnaires qui servirent la nation sous la monarchie soient expulsés; un autre la suppression des décoration existantes, même de celles gagnées dans les campagnes d'Afrique; on demande le châtiment d'un juge ayant proféré une sentence contraire aux intérêts d'un député; un autre représentant de la nation exige que les statues ou portraits de Portugais illustres soient retirés des édifices publics parce qu'ils étaient membres du clergé, ou « réactionnaires »; on interpelle le gouvernement parce qu'un fonctionnaire a tenu dans tel club des propos désagréables pour tel ou tel chef républicain; on donne à la rue Saint-Roque le nom de rue d'*O Mundo* (1).

On propose la confiscation des biens des monarchistes émigrés, et tant d'autres infamies ou insanités du même genre. Les scandales se succèdent. On découvre que le ministre des Affaires étrangères du gouvernement provisoire avait successivement nommé un de ses protégés, — et ils sont légion, — ministre plénipotentiaire à Rome, à la Haye et à Londres; cet heureux fonctionnaire touchait à la fois les appointements, les frais de déplacement et de représentaion correspondants à ces trois charges, sans en avoir jamais occupé aucune. Un autre député prouve que le ministre des colonies, lieutenant d'Affonso Costa, avait reçu une somme d'argent considérable d'une compagnie anglaise ayant de gros

(1) Organe d'Affonso Costa, alors ministre de la Justice, actuellement président du Conseil.

intérêts dans une des colonies portugaises de l'Afrique, afin de faire accepter au Parlement un projet de concessions de terrains dans cette colonie pour la construction d'un chemin de fer appartenant à la dite société. On n'en finirait pas d'énumérer les scandales analogues.

On a vu d'après ce qui précède qu'aucune œuvre notable, pas même médiocre, ne pouvait sortir d'une telle assemblée. Je préfère substituer à mes considérations personnelles quelques phrases du discours qui fut prononcé à la constituante par Theophilo Braga, président du gouvernement provisoire, le jour même où le projet de constitution entrait en discussion :

Onze projets de constitution ont été présentés à cette assemblée. Cela est un phénomène spécial de psychologie très intéressant pour l'étude de l'état mental de la Chambre sur ce grand problème, comme si une constitution politique était une œuvre mécanique que chacun pourrait composer à son goût, exposant et imposant des points de vue subjectifs.

On remarque, dans le projet adopté pour la discussion, qu'il n'y a pas de point de vue de doctrine, ni de critérium scientifique, ni même une orientation politique : c'est une chose matérielle, amalgamée sans connexion et illogique. Sans qu'on puisse savoir comment ni pourquoi, on voit qu'on a pris un article d'un côté, une disposition d'un autre et qu'on a ainsi fabriqué une drogue, non une constitution. Nous sommes allés au Brésil et nous avons pris de sa constitution ce qui nous a plu ; nous avons fait le même emprunt arbitraire à la France, aux Etats-Unis, à la Suisse. Nous n'avons même pas voulu savoir si c'est une plante née dans notre pays, une formule qui traduise nos coutumes, adaptable au milieu où nous vivons, continuation de nos institutions originales...

On a fait la révolution du 5 octobre 1910 sans qu'on connaisse encore la pensée qui l'a déterminée ; on a récompensé les héros de la révolution et on ne sait encore pourquoi ils se sont sacrifiés...

Personne n'était mieux qualifié pour définir la révolution républicaine que Theophilo Braga, ancien président du directoire du parti; en sa qualité de président du gouvernement provisoire, il était mieux qu'aucun autre indiqué pour nous dire ce que vaut la constitution. Les phrases reproduites ci-dessus dévoilent suffisamment la triste vérité.

Un des épisodes les plus curieux de la discussion de ce document est celui qui eut lieu à propos du droit de grève. La Chambre venait de décider que le point en litige, n'étant pas matière constitutionnelle, resterait en dehors de la constitution; la nouvelle de cette résolution se répandit rapidement dans les milieux ouvriers de Lisbonne; le lendemain, 1er août, plusieurs députés demandèrent l'annulation de la résolution prise la veille, mais Affonso Costa et ses partisans s'y opposèrent. Le 2 du même mois, une manifestation bruyante eut lieu devant le Parlement, plusieurs ministres et quelques députés furent hués, la garde républicaine lapidée.

Alors, comme par enchantement, l'Assemblée changea immédiatement d'avis; Affonso Costa et d'autres orateurs firent des discours enthousiastes affirmant la vive sympathie qu'ils accordaient au prolétariat et le droit de grève fut consigné dans la constitution... L'Assemblée tremblait de peur devant les protestations ou les menaces de la foule des *carbonarios* et leur obéissait docilement.

Affonso Costa sut profiter de cette circonstance dès le lendemain de la proclamation de la république; il chercha avant tout à plaire à la *carbonaria* en prenant des mesures violentes contre tout ce qui constituait, en Portugal, une garantie d'ordre social; il y réussit entièrement, s'assurant ainsi l'appui précieux de cette foule menaçante qui voit en lui une sorte de déité. Malheur à qui voudrait briser l'idole!

A en croire les bruits qui courent en Portugal et les insinuations fort claires de la Presse, il irait même plus loin, et organiserait des complots pour faire disparaître d'autres personnalités républicaines afin de se trouver seul à jouir du pouvoir.

C'est ainsi qu'au mois de mai dernier, M. Brito Camacho, chef du parti « unioniste », dénonçait dans un article *Mauvais chemin*, publié dans son journal *A Lucta*, le plan criminel des « démocrates ». De même, M. Antonio José d'Almeida, chef du parti « évolutionniste », signait dans son journal *A Republica* un article intitulé : *Poignard?... Guillotine?... Poison?...* et dont voici quelques extraits :

« Il y a des associations de malfaiteurs qui se disent républicains, — et il paraît même qu'ils le sont, — qui se proposent d'assassiner différentes personnalités, parmi lesquelles se détachent, pour la haine de ces bandits, MM. Brito Camacho, Machado Santos et l'auteur de ces lignes.

« Le plan vient de loin, à ce qu'il paraît. Il est mûr, et s'il n'a pas encore été mis en pratique, c'est parce que des circonstances spéciales ont refroidi de temps en temps la soif de sang et la furie de massacre des scélérats. Mais, dernièrement, d'après les déclarations de M. Brito Camacho, les choses ont pris des proportions plus effrayantes, et c'est pourquoi l'illustre politicien accentue dans son article que la police suit de *très près* les mouvements des criminels.

« En ce qui me concerne, je suis à la merci des assassins ; seul, il me serait agréable de savoir d'avance le genre de mort qui m'est réservé...

« ... Qu'on nous tue. Moi, je ne demande pas à mes amis qu'ils découvrent qui m'a assassiné. Ce n'est pas la peine et il vaut même mieux éviter à la République la honte d'avoir encore un gouvernement qui crée une décoration spéciale pour le misérable qui me *liquidera*. Je les prie seulement de chercher celui qui a armé la main du bandit et lui a fourni le plan du crime. Cela, oui ! parce que les bons exemples doivent être suivis, et c'est un bon exemple celui du grand républicain qui s'écria en montant à l'échafaud et s'adressant au bourreau : « Le coupable n'est pas toi, qui te bornes « à gagner la journée qu'on te paye ; le crime est « à celui qui a armé ton bras et prépara ma mort, « parce que je l'offusquais... »

« Ah ! en Portugal, en fait, il n'y a pas de gouvernement. C'est une République oligarchique, un sophisme odieux de la démocratie, une République seulement de nom, seulement d'étiquette, parce qu'il n'y a aucun respect pour la souveraineté populaire.

« ... Nous vivons dans une dictature permanente, mais la pire des dictatures, parce que c'est la dictature des bandes ! C'est la canaille des rues qui ordonne, c'est la tyrannie des repaires qui commande !

« Misère suprême ! Suprême honte ! »

On ne saurait, sans doute, être mieux informé que les fondateurs même du régime !

✦ ✦ ✦

Lorsque la Constitution fut approuvée, M. Manuel d'Arriaga fut élu Président de la République et le gouvernement provisoire donna sa démission.

La présidence du Conseil fut confiée à M. João Chagas, ministre plénipotentiaire de la République portugaise à Paris, dont le nom est bien connu en France, qui organisa un ministère de *concentration* appuyé par tous les partis. Les violences, les gaspillages et les fautes de tout genre commises sous la direction de ce triste personnage prirent de telles proportions que M. António José d'Almeida, chef du parti *évolutionniste* et ancien ministre de l'Intérieur du gouvernement provisoire, lui retira son appui. M. João Chagas donna la démission du cabinet qui fut acceptée par le Président de la République.

Avec le nouveau cabinet, la situation politique et financière s'aggrava encore davantage. Les tortures infligées aux prisonniers politiques qui se

comptaient déjà par milliers, les grèves successives, les tumultes dans les rues, les attaques à
la propriété prirent des proportions effrayantes.
Un coup de vent suffit pour renverser le ministère.

D'autres hommes furent appelés au pouvoir et
depuis le premier jour ils durent obéir aux sug-
gestions violentes des *carbonarios* qui continuè-
rent à être les maîtres absolus de la situation.

L'échec de la dernière tentative royaliste du
7 juillet 1912, au lieu d'améliorer la situation de
la République n'a fait, au contraire, que la rendre plus grave. La nation attendait impatiem-
ment la restauration monarchiste et la grande
majorité des Portugais n'admettait même pas
l'hypothèse d'une défaite. Ils avaient une confiance absolue dans leur force et dans l'adhésion
de l'armée qui, par des motifs qu'il n'est pas le
moment de discuter, n'a pu se manifester. Après
la défaite, un découragement naturel s'empara
de tout le peuple et le régime, au lieu de profiter
des circonstances pour se réhabiliter des crimes
passés et se réconcilier avec la nation, au moyen
d'une politique tolérante et d'une administration honnête, cribla d'insultes les vaincus et redoubla de férocité.

A Cabeceiras de Basto, des fusillades en
masse eurent lieu. Le maire de Chaves malmena
brutalement un vieillard qui est resté mourant,
pour la seule raison que celui-ci portait sur lui
un rosaire. Le maire de Val-de-Vez convoqua les

agents de police de sa commune et leur ordonna de passer par les armes tous ceux qui prononceraient des paroles peu agréables pour la République. Les carbonarios volaient aux prisonniers politiques leur argent, dépouillaient les cadavres de leurs vêtements, brutalisaient les blessés à coups de crosse ou les achevaient à coups de pierre, les attachaient aux arbres et leur crevaient les yeux.

A Lisbonne, des bandes attaquaient dans les rues les membres de la *Jeunesse Catholique*. Le président de cette association, M. Pinheiro Domingos, fut un des plus éprouvés : les bandits lui percèrent les mains et la poitrine à coups de couteaux, lui coupèrent une oreille et ne s'abstinrent de lui couper la langue que parce qu'ils le croyaient déjà mort.

Des tribunaux militaires créés pour juger sommairement tous les gens suspects d'avoir des convictions monarchistes commencèrent immédiatement à fonctionner et poursuivent encore aujourd'hui leur triste besogne. Des milliers de personnes furent condamnées à six ans de pénitencier suivis de dix ans de travaux forcés. Ce qui se passa dans les prisons est incroyable. Il suffit de lire ce qu'écrivirent à ce sujet tous les correspondants des grands journaux étrangers.

La République portugaise ne pouvait du reste pas agir autrement si elle voulait vivre. Ceci paraît un paradoxe et c'est pourtant rigoureusement exact.

La nation est monarchiste et catholique. La République fut faite par une bande d'aventuriers appuyés exclusivement par la canaille. Ayant repoussé l'adhésion spontanée que les classes conservatrices lui avaient offerte le lendemain de la révolution, elle n'avait d'autre appui que cette foule hétérogène, composée des bas-fonds des grandes villes, qui réclamait du sang, ses membres étant des criminels de la pire espèce. Les classes conservatrices avaient émigré presque en masse ou avaient fait le vide autour du régime.

Donc, la République avait, d'un côté, la canaille furibonde qui lui imposait le crime, de l'autre côté... personne. Sans l'appui des classes conservatrices, il lui était impossible de vaincre et de dominer *la rue*. Elle devait, par conséquent, bon gré, mal gré, suivre le seul chemin qui lui restait ouvert, l'orientation démagogique qu'elle avait pris, alors qu'elle avait tous les moyens de faire autrement, le lendemain de la révolution. La nation avait divorcé avec les hommes du régime, dégoûtée de leurs procédés infâmes. On conspirait partout, du nord au sud du pays. Ce n'étaient plus les principes, ni les convictions religieuses qui déterminaient la conspiration. C'était l'instinct de conservation.

Entre deux feux, obligés de se livrer aux monarchistes ou de mettre la destinée du régime entre les mains de la canaille menaçante, les hommes du jour optèrent pour cette dernière solution qui était le seul moyen de prolonger encore pendant quelque temps la vie de la République.

Le fait que le bandit Affonso Costa, chef des démagogues, le pire scélérat que l'on ait jamais vu, ait été chargé de l'organisation du nouveau ministère, le fait que le chef de la *carbonaria*, Antonio Maria da Silva, le sinistre personnage qui, depuis deux ans, terrorise le pays avec sa bande, occupe un portefeuille dans le nouveau cabinet, sont la confirmation pleine et indiscutable de ce que nous venons de dire.

Thiers a dit que la République française serait conservatrice ou qu'elle ne serait pas.

La République portugaise sera démagogique ou elle ne sera pas. Mais comme la démagogie est toujours, fatalement, lorsqu'on suit ce chemin, la mort d'un régime; comme le peuple portugais a déjà bu jusqu'à la lie le calice des plus amères humiliations, des souffrances les plus atroces, et que les rugissements des révoltés montent déjà, dans une clameur immense, jusqu'au piédestal des tyrans, la sentence de mort du régime qui conduit à la ruine la nation portugaise, jadis si grande et si glorieuse, est prononcée irrémédiablement.

Patere quam ipse fecisti legem.

Londres, janvier 1913.

HOMEM CHRISTO, FILHO.

Sa Majesté le Roi
Don Manuel de Portugal

On est trop volontiers enclin, de nos jours, à ne juger les hommes célèbres que d'après leur destinée, ou plutôt, notre esprit s'accoutume si aisément à les considérer sous l'angle des événements heureux ou malheureux qui fondent sur leur existence, que nous ignorons ou que nous négligeons ce qui seul devrait être valable pour nous : leur personnalité. Les rois sont, plus que d'autres, les victimes de cette vision déformée. Le public ne sait rien d'eux que par de viles anecdotes, des commérages mensongers dans le mal comme dans le bien, et des photographies peu ressemblantes ; ceux qui sont appelés fortuitement à les voir ne mettent en jeu, pour commenter leurs impressions, qu'une badauderie naïve, qu'une vanité stérile, flattées d'aborder un si noble sujet ; et enfin, leur entourage n'a guère le droit de parler d'eux... Reste « le jugement de l'Histoire » — mais il est long à attendre!

Parmi les rois contemporains, il en est un, connu surtout par ses infortunes et que les Français auraient d'autres raisons de connaître mieux : naguère encore il fut leur hôte acclamé ; du sang français se mêle à son sang, et son pays, de race latine comme est le pays français, est un peu le frère de la France. Ce roi, c'est le Roi Don Manuel de Portugal, qu'une révolution, bien

soudaine pour être définitive, déposséda de son trône
voilà seize mois.

... Avoir vu périr — et de quel trépas ! — son Père
et son Roi ; avoir vu périr son frère ; avoir soi-même
miraculeusement échappé à la mort, défendu par une
Mère acharnée qui, dans un mouvement sublime, faisait d'un bouquet de fête une arme de désespoir et
un vain bouclier ; avoir connu l'épouvante finale de
la vie, à un âge où l'on entrevoit à peine son doux
commencement ; s'être vu investi du pouvoir suprême
par le hasard de la férocité ; avoir. pendant près de
trois ans, accompli tout son devoir de roi, à toute
heure, en toute circonstance, comme si dès sa naissance on avait été destiné à l'accomplir ; à l'extérieur,
avoir habilement consolidé d'anciennes amitiés ; à l'intérieur, avoir fait prospérer son royaume, malgré des
difficultés et des atermoiements sans nombre, par quoi
l'on apprenait en même temps, peu à peu, la dupli-
cité humaine ; puis enfin, brusquement, apprendre d'un
coup toute là lâcheté humaine, — telle se résume, pour
la plupart des gens, la vie de ce roi de vingt-deux ans,
à qui la Fatalité, mesurant ses malheurs à l'élévation
de son âme, semble avoir réservé, pour les uns comme
pour l'autre, l'exceptionnel.

A l'ombre d'une célébrité si respectable mais si funeste, un autre caractère, une autre nature que les
siens auraient pu s'étioler. Entre ses ennemis (car,
Dieu merci, il a des ennemis ; l'indifférence n'est accordée qu'à l'insignifiance), ses ennemis qui auraient
voulu ensevelir sa mémoire dans un cénotaphe royal,
et, un peu partout, des cœurs favorables qui l'élevaient
sur un monument dressé à la Pitié (profonde erreur
qu'une sensiblerie de ce genre ; la pitié devient alors
presque une injure ; celui vers qui elle va doit être
assez fort pour se passer d'elle, assez orgueilleux pour
la dédaigner, et ceux qui l'éprouvent n'ont qu'à la

transposer dans le dévouement) ; entre ces deux obstacles, une personnalité moindre se serait découragée, et l'on risquait d'oublier le roi Don Manuel, *le vrai*, tel qu'il apparaît aujourd'hui, dégagé de toute légende mensongère.

Pour qui a l'honneur de l'approcher, un mot se présente immédiatement à l'esprit et définit le roi : la perspicacité. Perspicace est son front haut et large qui éclaire son visage, perspicace son regard attentif et profondément réfléchi, perspicace sa bouche volontaire et bonne, perspicaces les nuances précises de sa voix. Et la perspicacité qui domine tous ses entretiens comme elle dirige tous ses actes, qui lui permet de parler de la politique avec une sagace clairvoyance, qui lui fait voir sous un jour si net, avec une mise au point tellement exacte et dégagée de brume, les circonstances ténues et les événements mondiaux, est ce qui, tout d'abord étonne davantage, et ferait deviner en lui, même sans rien savoir, un Chef.

Je suppose que cette qualité, si rare dans la jeunesse et dont le rôle est de rendre le jugement plus pénétrant, de l'utiliser en déductions, le roi la doit à son désolant et précoce apprentissage. Son ardente sensibilité, le cœur frémissant dont il donnait journellement des preuves, à Lisbonne, par les soins qu'il apportait à créer, à susciter des œuvres bienfaisantes, intelligentes et par conséquent vraiment utiles, aujourd'hui supprimées au nom de la « fraternité », toutes ses facultés de souffrir, meurtries à jamais, refoulées, déviées, n'ont pu cependant disparaître et se sont tracé un chemin nouveau dans son âme : elles le rendent maître, à un âge où la légèreté et l'irréflexion seraient toutes naturelles, d'une sorte de divination préalable, grâce à quoi il regarde l'existence sans étonnement et sans préjugés, et l'humanité sans illusions ni rancunes. La perspicacité forme, si l'on peut dire, les solides ra-

cines de son intelligence ; celle-ci s'épanouit en deux
rameaux conjugués mais dissemblables, l'un acquis,
l'autre instinctif : l'érudition et l'imagination. Elles
vont rarement de pair ; exceptionnellement réunies,
elles auraient suffi à faire du roi Don Manuel, même
s'il eût été de naissance obscure, un homme remarquable.

J'éviterai le double ridicule, trop fréquent, qui con-
siste à donner, sans preuves et sans mandat, des « té-
moignages de satisfaction » aux grands de la terre. Je
ne ferai donc qu'allusion à l'érudition du roi, laquelle
est surprenante. D'ailleurs, pourquoi louer son esprit
d'être philosophiquement, historiquement, linguisti-
quement, à un si beau niveau ? Dans le domaine de la
volonté intellectuelle et du travail, quand les hommes
dont la mission est de commander et de diriger ne sont
pas supérieurs à la plupart des autres hommes, ils man-
quent à leur devoir.

L'imagination du roi, je ne doute pas qu'elle ne lui
procure de secrètes mélancolies, car elle est d'une qualité trop rare pour ne pas le décevoir parfois, mais elle
lui donne aussi de durables et permanentes joies en
le forçant d'aimer, avec un infaillible sens de la beauté,
la nuance d'une fleur, le métier d'un tableau, l'éloquence d'une page littéraire et surtout l'harmonie ou
la science d'une phrase de musique.

Et qu'on ne voie pas là un goût exclusif pour l' «art »,
qui aiderait à composer de lui, dans l'avenir, une effi-
gie touchante et romanesque mais inexacte, pas plus
qu'un « dilettantisme » insignifiant, banale manifestation de « dons » médiocres, — non ! cette ferveur
pour tout ce qui émeut directement et par choc en
retour, dans la couleur, dans l'eurythmie ou dans le
son, est la visible preuve d'une imagination puissante,
sans cesse à la poursuite d'un idéal plus élevé. Imagination ! entraînante chanson de l'esprit qui déter-

minez l'action et l'ennoblissez !... Les princes sans imagination ne furent jamais que des fonctionnaires par droit d'hérédité.

Perspicace, érudit, imaginatif, le roi Don Manuel possède en plus ce qui est indispensable à sa situation : le sentiment de ce qu'il est et de ce qu'il représente.

Ce sentiment, paraît-il, on l'appelle à présent *de la morgue*. (J'ai quelquefois entendu dire, par des personnes qui ne l'avaient jamais vu, que le roi « n'était pas dépourvu d'une certaine morgue ».) Sans doute, ce terme déplaisant a-t-il remplacé ce qu'on nommait autrefois, tout simplement, *la dignité*. Lorsque Saint-Simon écrit : « Louis XIV était grave », le mémorialiste nous laisse du petit-fils de Henri IV un portait plus significatif que tous les livres et toutes les images que nous le décrivent ou nous le peignent. Cette dignité, cette gravité, le roi Don Manuel en est heureusement imbu. Il y tient et il a raison d'y tenir, parce qu'elle pourrait courir un double danger, de par son âge et de par l'Exil.

Ils sont nombreux, les diseurs de riens, et même les mieux intentionnés, qui, par le fait qu'un roi est jeune, se croient autorisés à l'appeler — avec une intonation quasi protectrice — le « petit roi », sans se douter du mauvais service qu'ils lui rendent en ne considérant que l'homme et non sa raison d'être. Il n'y a pas de « petit roi », pas plus qu'il ne saurait y avoir de « vieil empereur ». Le poids du manteau impérial ou royal confère à celui qui le porte une responsabilité qui n'a point d'âge. Si l'on admet le principe souverain, le roi Don Manuel, qui est le plus jeune des monarques d'Europe, est l'égal de l'empereur François-Joseph, qui en est le doyen. L'un et l'autre ont les mêmes charges, les mêmes devoirs, et, par suite, les mêmes droits.

Mais cette dignité, encore une fois, que le roi tempère de la plus charmante, de la plus rare affabilité vis-à-vis de ceux dont il n'a pas à mettre en doute le respect, cette dignité qui n'empêche pas chez lui la familiarité ni le rire, n'est-ce pas elle aussi qui, jointe à son admirable courage, le soutint dans des heures atroces ?...

La calomnie ressemble à toutes les oppositions révolutionnaires : elle se donne plus de mal pour atteindre le but qu'elle poursuit — la destruction — que ne s'en donne la vérité, trop sûre d'elle-même et de sa vieille puissance.

Pourtant, malgré les mensonges, malgré les perfidies, l'on sait maintenant combien le roi Don Manuel fut grand, alors que trahi bassement, et avec quels multiples raffinements dans l'infamie, il témoignait jusqu'au dernier moment d'une vaillance et d'une bonté que n'affaiblissaient ni la panique grandissante autour de sa couronne menacée ni la cruauté du destin envers lui. Seulement, les minutes successives de ces heures-là, nous ne sommes que quelques-uns à en connaître à la fois toute la bravoure et toute l'horreur ; il faudra bien, un jour, que tout le monde les connaisse aussi.

L'Exil ?... Vraiment, j'allais l'oublier comme on l'oublie lorsqu'on est près du roi, car l'atmosphère où il vit ne respire ni la déchéance ni l'amoindrissement moral : sa demeure de Richmond, située entre les collines du Surrey et la Tamise fraîche, regarde le soleil levant. Rien de définitif, rien d'irréparable dans ce qui l'entoure. Il semble poursuivre volontairement un *voyage d'expérience*, à la manière de ces jeunes gens moins illustres qui accomplissent autour du monde un voyage préparatoire à la vie. Il est à même de com-

Certificat de Naissance d'Affonso Costa

EGREJA PAROCHIAL DE SANTIAGO
A PAR DE CEIA
DIOCESE DA GUARDA

IMPOSTO DO SELLO
1910
100 RÉIS

Manuel do Amaral e Silva, parocho da freguezia de Sant'Iago, concelho de Ceia:

Certifico que num livro duplicado de baptismos d'esta freguezia, relativo ao anno de 1871, a fl. 3 v., se encontra um do theor seguinte: Aos oito dias do mez de Março do anno de mil oitocentos e setenta e um, n'esta Egreja parochial de São Thiago, concelho de Ceia, diocese da Guarda, [illegible], districto de Coimbra, baptizei solemnemente e puz os Santos Oleos a um individuo do sexo masculino, a quem dei o nome de Affonso [illegible] de [illegible], exposto, o qual foi encontrado por Maria da Conceição, solteira, jornaleira, natural e moradora n'este logar de São Thiago, á porta da sua casa, ás nove horas da noite do dia seis do mez e anno supra, tendo os signaes seguintes: cara redonda, cabello louro, e por enxoval uma camisa, cinco lenços, cinco pannos de linho, [illegible], [illegible], dois [illegible], [illegible]; todos estes objectos se acham relacionados n'um bilhete que o acompanhava para administração.

Foram padrinhos José d'Almeida Mello, solteiro, proprietario, e Maria da Conceição, solteira, jornaleira, naturaes e moradores n'este logar e freguezia de São Thiago, os quaes sei serem os proprios. E para constar lavrei em duplicado este assento que, depois de ser lido e conferido perante os padrinhos, assignei conjunctamente com o padrinho, não assignando a madrinha por não saber.

Era ut supra. Comprehendo[?] por Escrivão ...

... Antonio ...... da Cunha.

Está conforme.

Sant Luz. 1 de Abril de 1812.

O P .... — Manuel d'Amaral e Silva

prendre les êtres mieux que les rois ne peuvent les comprendre d'habitude, isolés qu'ils sont par les murailles du palais et l'engrenage de la cour ; il est à même de juger toutes choses sans conseils et sans influences . sa personnalité le dispense des uns et des autres. Il en profite. Confiant et calme. le roi Don Danuel attend...

Il est vraisemblable que dans un avenir plus ou moins proche la nation portugaise, déçue par la néfaste aventure qu'on lui fit courir malgré elle et où elle risque sa vie, se tournera vers son chef dynastique, belle « nation prodigue » qui entendra résonner enfin la voix de Siegfried triomphant : *Au Père expirant, l'acier faillit ; le Fils vivant l'a forgé à nouveau... Acier mort, tu gisais là, brisé ; maintenant tu rayonnes, ô toi, fulgurant et majestueux !*

***

Cet article dû à la plume d'un écrivain qui porte un grand nom dans la politique et dans la littérature, fut publié au *Figaro* du 31 janvier 1912. Il serait difficile de faire une étude plus complète sur la personnalité morale et intellectuelle du roi Don Manuel.

Le Roi Don Manuel
et la Révolution Républicaine
d'Octobre 1910

I

Voilà deux ans qu'on parle constamment du roi Don Manuel dans la presse étrangère. Voilà deux ans que sa personnalité et ses actes sont longuement discutés et la base de toutes les appréciations parues sur son compte sont des rumeurs vagues, entièrement dénuées de fondement, divulguées par ses ennemis dans le seul but de le compromettre.

Cette campagne honteuse où la bonne foi des publicistes étrangers est dupée par des gens sans scrupules, cessera, nous en sommes certains, aussitôt que la vérité des faits sera rétablie.

Il y a beaucoup de questions délicates à traiter, beaucoup de calomnies à démentir. Nous commencerons par démontrer que l'accusation portée constamment contre le roi, en ce qui concerne *sa vaillance et son courage personnels*, est une flagrante injustice et que son attitude pendant la révolution républicaine de 1910 ne pouvait être que celle qu'il a prise. Le roi s'est conduit en homme courageux et intelligent, il s'est conduit en bon Portugais et cela dit tout, car je suppose que mes compatriotes n'ont jamais su ce que c'était que d'avoir peur. Tout le monde le sait. Il est mêm inutile de le rappeler.

Il est un homme, inconnu des lecteurs, appelé Teixeira de Souza qui vit là-bas, au pays du soleil. Cet homme réussit un jour à obtenir la confiance du roi de Portugal qui le chargea du pouvoir dans un moment difficile. Il se disait *libéral* et promettait une série de réformes qui donneraient satisfaction aux éléments avancés du pays. Malgré ses relations intimes avec Affonso Costa et d'autres chefs républicains, le roi et l'opinion publique le croyaient un homme honnête, incapable de trahison. Il n'était ni talentueux, ni érudit ; mais les républicains le réclamaient au pouvoir, les présidents des deux chambres conseillaient au souverain de transiger avec eux *pour les calmer* et Don Manuel, jeune et inexpérimenté, désireux de suivre les *indications constitutionnelles*, céda.

La bande des démagogues fêta l'avènement de Teixeira de Sousa, tout en l'attaquant, pour mieux cacher son jeu.

Aussitôt maître du pouvoir, le président du Conseil ordonna au chef de la police de cesser les recherches entreprises pour trouver les auteurs du régicide et fit relâcher les *carbonarios* déjà arrêtés car cette fameuse association scrète venait d'être découverte par le juge d'instruction Antonio Emilio d'Almeida Azevedo.

Les républicains commencèrent alors à préparer en toute liberté le mouvement révolutionnaire qui devait éclater quelques mois après. On fabriquait des bombes, on introduisait dans le pays des armes et des munitions, on en volait à l'Arsenal, on conspirait partout, publiquement. Tout le monde était au courant des *agissements* de la bande et tout le monde protestait, à l'exception du président du Conseil qui ne voyait rien, qui ne savait rien, qui faisait démentir dans son journal l'existence de ces complots qu'il attribuait à l'imagination fantaisiste des... *réactionnaires*.

Les commandants des régiments de la garnison de Lisbonne et de ceux de la province, le juge d'instruction criminelle, le chef de la police judiciaire, le commandant de la garde municipale, toutes les autorités civiles et militaires avertissaient quotidiennement le président du Conseil des agissements des révolutionnaires et lui fournissaient tous les détails de la conspiration.

Teixeira de Sousa se refusait à prendre des mesures de précaution et continuait à affirmer que les républicains ne pensaient même pas à organiser un mouvement insurrectionnel.

Le 27 juin 1910 cet ignoble individu était informé par la Légation de Portugal à Paris, qui avait reçu, à son tour, cette information du chef de la police parisienne, que la révolution était imminente. Un mois après il était de nouveau averti que certains navires de l'escadre devaient se révolter le 19 août. Impassible, notre homme se limita à ordonner aux navires suspects de sortir du Tage et de faire une petite excursion le long de la côte portugaise.

Enfin, le 3 octobre, à midi, son médecin, qui était un des chefs du mouvement et qui fut, dans trois ministères successifs, le ministre des Affaires étrangères de la République, l'informait que la révolution éclaterait le soir même. A quatre heures de l'après-midi le chef de la police de Lisbonne lui communiquait, avec tous les détails, ce qui allait avoir lieu et le suppliait de prendre des mesures énergiques immédiates et de lui permettre d'arrêter les chefs du mouvement. Le président du Conseil ne prit aucune résolution jusqu'à neuf heures du soir et se garda bien d'avertir le roi ou les amis de la Cour des intentions des républicains.

Ce ne fût que vers 8 heures et demie, lorsqu'il rencontra le roi au banquet qui était offert au souverain, au palais de Belem, par le maréchal Hermes da Fonseca, élu président de la République brésilienne, que le président du Conseil parla à Don Manuel des événements proches en ajoutant qu'on allait *couper les oreilles* aux ennemis des institutions.

A neuf heures du soir les régiments de Lisbonne n'avaient encore été avertis de rien et lorsque, plus tard, arriva la communication, aucune indication sur le plan des révolutionnaires ne fut donnée aux commandants des diverses unités qui restaient ainsi dans l'ignorance la plus complète de tout ce qui se passait.

Quand, à dix heures, le roi, qui était allé sans la moindre escorte au banquet de Belem, dut retourner au Palais Royal, il passa juste à côté des centres où se réunissaient les insurgés qui devaient attaquer les casernes deux heures après.

Le président du Conseil avait ordonné au chef de la police de Lisbonne de faire rentrer à leurs casernes respectives tous les agents en service, laissant ainsi la ville entièrement aux mains des révolutionnaires. Et si le roi revint au Palais accompagné d'une escorte, c'est grâce à l'heureuse initiative du colonel Alfredo de Albuquerque, son aide de camp et commandant du régiment de lanciers n° 2 qui prit cette résolution sans prévenir Teixeira de Sousa.

Cependant, à huit heures du soir, toutes les mesures étaient déjà prises dans les hôpitaux, dirigés par des républicains très connus, pour recevoir les blessés de la révolution...

Après le banquet de Belem le président du Conseil rentra chez lui, accompagné de ses collègues de cabinet. Il avait eu soin d'ordonner qu'un nombreux contingent de forces de cavalerie et d'infanterie de la garde municipale vint protéger sa résidence pendant qu'il faisait *renforcer* la garde du Palais Royal d'un bataillon de *chasseurs presque entièrement acquis aux républicains*.

Voilà la situation créée au roi de Portugal par son premier ministre !

(A suivre.)

HOMEM CHRISTO FILHO

Un Misérable

Notes pour la biographie
de AFFONSO COSTA

Je regrette sincèrement que les circonstances me forcent à révéler au monde la vie ignominieuse d'Affonso Costa, l'actuel président du Conseil des ministres de la République portugaise.

Ce n'est pas pour lui que je le regrette. Un bandit de la sorte ne peut m'inspirer le moindre sentiment de pitié. C'est pour la nation portugaise qui restera amoindrie aux yeux de l'Europe, car lorsqu'un peuple tolère un homme indigne à la tête des affaires publiques il s'avilit lui-même.

A part cet inconvénient que j'essaierai de diminuer en démontrant que la responsabilité de mes compatriotes a beaucoup de circonstances atténuantes, il y en a encore un autre, d'ordre personnel c'est vrai, mais que cependant je ne veux pas manquer de signaler.

Affonso Costa est un être dégoûtant. Sa vie est une honteuse succession de crimes, d'infamies de tout genre, toutes plus repoussantes et plus sales les unes que les autres. Comme nous l'avons déjà dit, presque tous les hommes du régime actuel, sortis des bas-fonds de Lisbonne, gens de la plus basse extraction, sont de véritables scélérats. Affonso Costa est un des plus infâmes, sinon le plus infâme de tous.

Or, j'ai toujours eu une répulsion instinctive pour les

études anatomiques et je suis incapable du moindre travail grossier. Lorsqu'il me faut analyser la vie d'un Affonso Costa ou d'un Brito Camacho, je me sens mal à mon aise. J'ai horreur de la saleté et, mon Dieu ! ils sont si sales !

Ce n'est donc pas de bon gré que j'entre dans cet ordre de travaux. Ce n'est pas mon genre. Ce n'est pas mon tempérament. Je le fais parce que le devoir me l'impose et que je suis habitué, quand il le faut, à sacrifier à mes devoirs, mes plaisirs.

I

Affonso Augusto da Costa, c'est le nom que porte l'actuel président du Conseil de la République de Lisbonne. Nom volé comme tout ce qu'il possède. Son nom véritable n'est pas Affonso Augusto da Costa, mais Affonso Maria de Ligorio.

Cet individu est le fils naturel d'une pauvre femme du peuple, domestique de son père. Il fut trouvé, dans la nuit du 6 mars 1871, par une nommée Maria da Assumpção, à la porte de sa maison, avec un paquet et une note des objets qu'il contenait : 5 chemises, 5 mouchoirs, 5 serviettes de toile, 5 langes garnis, 1 robe, 2 paletots et 1 ceinture.

Le 7 mars il fut présenté au curé de la paroisse comme *enfant trouvé* par la même Maria da Assumpção qui avait eu pitié du rejeton et le fit baptiser. Le prêtre appela le néophyte Affonso Maria de Ligorio pour châtier le père, qu'il connaissait très bien. De là vient en grande partie la haine féroce que le bandit consacre à la religion et à ses ministres.

Pour qu'on ne puisse garder le moindre doute sur la naissance du personnage en question, désormais célèbre, je reproduis, en fac-similé, son certificat de naissance, dont voici la traduction :

« Je certifie que j'ai trouvé dans le livre de baptêmes de cette paroisse portant le numéro 6, à la feuille 3, au verso l'inscription de baptême suivante :

« Le 7 mars 1871 j'ai baptisé dans cette église paroissiale de São Thiago, commune do Cêa, diocèse de Guarda, je veux dire diocèse de Coimbra, un individu du sexe masculin que j'ai appelé Affonso Maria de Ligorio et qui fut trouvé par Maria da Assumpção, célibataire, fermière, née et domiciliée en ce lieu de São Thiago, à la porte de sa maison, à 9 heures du soir, le 6 du mois et de l'année cités ci-dessus. Cet individu a le visage rond, les cheveux blonds et son trousseau se compose de 5 chemises, cinq mouchoirs, cinq serviettes de toile, 5 langes garnis, 1 robe, 2 paletots et 1 ceinture mentionnés sur une note qui a accompagné l'enfant à cette administration. Le parrain a été José d'Almeida Mello, célibataire, propriétaire, et la marraine Maria da Assumpção, célibataire, fermière, tous les deux nés et domiciliés dans ce lieu et dans cette paroisse de São Thiago et que je sais être les mêmes. Pour certifier la vérité de ce document j'ai fait un duplicata que j'ai signé avec le parrain — la marraine ne sachant pas écrire, — après avoir été lu et approuvé par le parrain et la marraine.

« Erat ut supra. Le parrain, José d'Almeida Mello. Le curé de la paroisse, Antonio Lopes da Cunha. »

(Pour copie conforme.)

Sant'Iago, le 1ᵉʳ avril 1912.

Le curé de la paroisse,
Manuel d'Amaral e Silva.

Le jeune Affonso Maria de Ligorio fut confié à une nourrice de Vallorto, paroisse do Seixo do Ervedal et passa les premières années de son enfance à Chaveiral, paroisse de Paranhos. Sa nourrice qui regrette du fond de l'âme de ne pas avoir tordu le cou du futur bandit, raconte, pour expliquer le développement de son âme criminelle, que le petit préférait à toutes autres les histoires de voleurs, d'assassins, de corsaires, qu'on lui racontait pour l'endormir, le soir, près du feu. Il se montrait enthousiaste des grands criminels.

Il admirait l'audace des bandits et il ne comprenait pas les reproches qu'on leur adressait. Ils étaient plus intelligents, plus habiles, plus vaillants, plus audacieux que les autres hommes. Ils étaient dignes d'admiration ! Mais ce qui passionnait surtout le petit dégénéré c'étaient les trucs, les trahisons employés pour attirer les victimes aux pièges. On appelait cela félonie, déloyauté, perfidie ? Quelle injustice ! C'était de l'habileté, c'était de l'intelligence, c'était du génie !

Ainsi se manifestèrent dès le plus jeune âge les instincts criminels, les tendances perverses du futur dictateur républicain qui, du reste, est le neveu du célèbre commandant Christiano qui terrorisa, pendant plusieurs années, une grande partie du pays. L'arme préférée de ce scélérat était le poison. Il empoisonna sa propre sœur, appelée Rosa, et son frère José Augusto. Il tenta encore d'empoisonner son beau-père, sa belle-mère et toute la famille Coelho de Campos. Il n'y a pas dans tout ceci la moindre exagération ni le moindre truc de polémiste. C'est la rigoureuse vérité connue de tout le pays, car le souvenir des crimes du commandant Christiano, oncle d'Affonso Costa, est aussi vivant dans la mémoire de tous les Portugais que peuvent l'être les méfaits de la bande Bonnot dans la mémoire de tous les Français.

Un beau jour, le jeune taré fut envoyé à l'Université de Coimbra pour préparer son baccalauréat en droit. Bientôt les tendances irrésistibles de son tempérament, les exigences impérieuses de son âme perverse se manifestèrent d'une manière définitive.

Affonso Costa vivait à Coimbra avec sa mère qui était très pauvre et qu'il n'avait consenti à amener avec lui qu'à la condition qu'elle fût sa domestique. La malheureuse femme avait accepté cette place humiliante afin de pouvoir être près du fils qu'elle adorait.

L'actuel président du Conseil se lança, aussitôt après son arrivée à Coimbra, dans une vie de débauche qui dépassait toutes les limites. Il rentrait tous les soirs à la maison complètement ivre et couvrait d'injures, rouait de coups sa pauvre mère qui souffrait tout en silence, pour éviter le scandale et ne pas faire tort à la réputation, déjà assez compromise, du sinistre malfaiteur. C'était en vain qu'elle faisait appel aux bons sentiments du misérable et implorait pitié, sans réussir à émouvoir son cœur de chacal.

Après lui avoir infligé les pires tortures, ce modèle de dévouement filial décida d'imposer à sa mère une dernière humiliation qui donnera aux lecteurs une idée du caractère de l'homme qui préside aux destinées du nouveau régime portugais. Il organisa chez lui des fêtes nocturnes où les invitées étaient des filles publiques, obligea sa mère à servir à table et la contraignit encore à d'autres besognes que je ne veux pas rapporter ici par respect pour la pudeur des lecteurs. Ce qui se passait dans ces fêtes ne peut pas se décrire. Un jour, la mère, révoltée par l'infamie du fils, refusa d'être la domestique des femmes publiques. Alors l'enfant trouvé, devant ce refus inattendu, ne put réprimer sa colère. Il prit sa mère par les cheveux et, après lui avoir dit les pires injures, après l'avoir obligée de force à baiser la main de chacune des prostituées qui se trouvaient chez lui, il la roua de coups et la jeta dans l'escalier. Le lendemain, la malheureuse mère gisait encore, sans connaissance, sur le seuil de la porte. Son corps était couvert de blessures, son bras droit était cassé...

Ce n'est qu'un épisode connu de la vie du *rédempteur républicain*. Il y en a une centaine dans le même genre que nous pourrons narrer, si celui-ci ne suffît pas à éclairer l'opinion publique étrangère sur les sentiments d'Affonso Maria de Ligorio.

Un de ses oncles, le seul qui vive encore, d'après mes informations, alla à Lisbonne, après la proclamation de la République, mourant de faim, demander au neveu ingrat de le secourir dans sa misère. Il le suppliait de lui donner une place de domestique, de concierge, la place du dernier de ses serviteurs : le pauvre homme acceptait tout !

Affonso Costa, pardon, Affonso Maria de Ligorio, non

seulement ne céda pas aux supplications déchirantes
du vieil oncle, mais se refusa même à le recevoir ! Il lui
ordonna, par l'intermédiaire de son frère, de repartir
immédiatement, par le premier train, avec la promesse
de lui envoyer quelque chose... plus tard !

Le vieux obéit au dictateur qui, dans sa sotte vanité,
voulait cacher, à tout prix, son origine, et il paraît qu'en
effet, craignant que son oncle ne se plaignît publiquement de sa cruauté, de son infamie, Affonso Maria de
Ligorio résolut de lui envoyer tous les mois... 60 francs !

Voici le portrait moral, tracé en quelques lignes, avec
des faits précis et irréfutables, de l'homme dont M.
Duarte Leite, le chef républicain qui vient de quitter la
présidence du conseil des ministres et auquel il suc-
céda, a dit, le 11 janvier 1902 :

— « C'est une canaille, un lâche et un infâme. (1) »

HOMEM CHRISTO, FILHO.

---

(1) N° 3630 du journal républicain de Porto *A Voz Publica* du
12 janvier 1902, sous le titre AGRESSION PAR TRAHISON : TENTATIVE
D'HOMICIDE COMMISE PAR M. AFFONSO COSTA CONTRE M. JOSÉ PEREIRA
DE SAMPAIO (BRUNO).

Ayres de Ornellas

Né à Camacha (Madère), le 5 mars 1866. Fils de Agostinho de Ornellas, pair du royaume, ancien ministre plénipotentiaire à la Cour de Russie, et de Dona Maria Joaquina de Saldanha. Capitaine d'état-major, ancien gouverneur de Lourenço-Marques et chef d'état-major, à Mozambique durant la campagne de Mousinho de Albuquerque. Ancien ministre de la Marine et des Colonies, pair du royaume, officier de la Torre e Espada, deux fois décoré de la médaille de valeur militaire, commandeur de S. Thiago, titulaire de trois grand'croix étrangères.

Le jour où M. Ayres de Ornellas arracha ses galons et abandonna son uniforme d'officier, ce fut un jour bien triste pour l'armée portugaise. Peu d'hommes, en effet, avaient acquis en Portugal une aussi légitime renommée et un aussi grand prestige. Militaire des plus illustres, écrivain érudit, conférencier et parlementaire remarquable, admirable administrateur, diplomate habile, homme d'Etat dans la plus large acception du mot, M. Ayres de Ornellas est une des figures les plus notables du Portugal actuel.

L'armée voyait en lui l'officier intrépide et intelligent qui l'avait couverte de gloire. La nation portugaise l'admirait et l'aimait comme un grand patriote qui avait toujours sacrifié à ses intérêts personnels et à son bien-être les intérêts et le bien-être de son pays.

Certes, M. Ayres de Ornellas n'est pas sans avoir des

ennemis. Les insignifiants et les envieux ne souffraient pas sans rancune le mépris qu'il leur manifestait. Les indisciplinés et les paresseux ne lui pardonnaient pas l'énergie inébranlable avec laquelle il les contraignait à accomplir leurs devoirs.

Dans un pays de transigeances et de temporisations où l'on n'ose pas manifester ses croyances et ses opinions dans la crainte de déplaire, dans un pays où tout le monde veut être bien avec Dieu et avec le diable et où tout le monde se plie aux impositions du dehors, un homme qui avait le caractère ferme, la fierté hautaine, l'indépendance et la rude franchise de M. Ayres de Ornellas ne pouvait manquer d'avoir des ennemis nombreux.

S'il en était autrement je n'assumerais pas d'ailleurs la responsabilité d'écrire cet article, car je me méfie des gens dont tout le monde dit du bien.

Comme militaire M. Ayres de Ornellas se signala surtout dans la campagne de Mozambique de 1894-1895 et dans celles de Mozambique et Gaza en 1896 et 1897 pendant lesquelles il fut chef d'état-major de la colonne d'opérations. Il y fit preuve non seulement d'un rare courage, mais aussi d'un esprit de prévoyance remarquable et d'une extraordinaire compétence.

Mousinho de Albuquerque qui fut le héros de nos campagnes coloniales dans la seconde moitié du XIXᵉ siècle et dont la renommée glorieuse dépassa les frontières du Portugal ne voulait pas d'autre chef d'état-major que M. de Ornellas et ceci est le plus grand éloge qu'on puisse faire de l'homme éminent de qui je trace en hâte ces courtes lignes. Je me souviens même que dans son rapport sur les campagnes de 1896-1897 Mousinho de Albuquerque appréciait en ces termes son chef d'état-major : « Dans son arme Ayres de Ornellas est l'officier le plus complet que j'aie jamais connu ; il possède toutes les qualités de l'officier de cavalerie de campagne et toutes les qualités de l'officier d'état-major. »

Du reste, en France même où les hommes et les choses portugaises sont très peu étudiées, M. de Ornellas n'est pas un inconnu. Dans ses œuvres sur les campagnes coloniales, le commandant Bujac cite comme modèle, dans les termes les plus flatteurs, les ordres et les instructions donnés par l'illustre officier portugais en Mozambique. Il n'y a pas longtemps le journal *Excelsior*, à propos d'un article qu'il y a publié, lui consacrait les éloges les plus vifs.

M. Ayres de Ornellas fut toujours appelé par les gouvernements de son pays à remplir des missions très importantes. C'est lui qui fit la remonte des colonnes d'opérations de l'Afrique Australe ; qui accompagna les troupes anglaises qui durent traverser le territoire de la Compagnie de Mozambique durant la révolte de Machona ; c'est lui qui fut chargé de la mission spéciale au protectorat anglais du Nyassa ; en 1899 il fut le délégué militaire du gouvernement portugais à la première Conférence de la paix, à La Haye, où il prononça en français des discours très remarqués ; en 1901 il présenta au Congrès colonial un mémoire sur « Races et langues indigènes en Mozambique » largement reproduit et commenté dans les termes les plus flatteurs par la presse anglaise et allemande et dont il ne reste plus aucun exemplaire ; finalement il fut nommé en 1903 membre de la mission envoyée en Angleterre pour traiter de l'arbitrage dans la question du Barotz et rédigea les trois mémoires présentés par le gouvernement portugais à l'arbitre, le roi d'Italie, qui décida en faveur du Portugal.

Les qualités du militaire ne préjudicièrent en rien au journaliste. Doué d'une forte érudition sur toutes les questions aussi bien militaires que politiques, sociales, artistiques et littéraires, et maniant la plume avec une extrême facilité, M. Ayres de Ornellas s'affirma, lorsqu'il était encore très jeune, un journaliste de grande valeur. En 1892 il fonda la *Revue de l'Armée et de la Marine* dans laquelle il écrivit de brillants articles sur la tactique et l'histoire militaires, etc. En 1902 il prit la direction du *Journal des Colonies* où il fit paraître entre autres un article sur le chemin de fer de Benguella que Emygdio Navarro, le plus grand journaliste portugais de l'époque et véritable gloire des lettres nationales, considérait un chef-d'œuvre.

M. de Ornellas est aussi un orateur de premier ordre. Je signalerai sa conférence à la Société de Géographie de Mozambique qui détermina le changement du régime de propriété dans cette province ; celles sur l'*Expansion du Portugal* et la *Politique maritime nationale* à la Ligue navale de Lisbonne ; *l'Eloge de Mousinho* et ses discours à la Chambre des Pairs dont il était membre depuis 1900.

A la Chambre des députés je me rappelle l'admirable péroraison qui décida l'expédition au Barue, son discours sur l'exportation des vins nationaux pour Mozambique et celui sur les chemins de fer sud-africains dont M. José Dias Ferreira, notre plus grand juriste, a dit qu'il serait toujours consulté comme un véritable traité.

Au mois de mars 1906 il s'affilia au parti *regenerador-liberal* et deux mois après, lorsque João Franco fut appelé à constituer un ministère, il fut nommé ministre de la Marine et des Colonies. Il dut alors quitter son poste de gouverneur de Lourenço-Marquès où il avait rendu des services importants.

L'œuvre de M. de Ornellas pendant les deux ans incomplets qu'il resta au pouvoir est tellement vaste que je me vois dans l'impossibilité matérielle d'en faire l'analyse. Je citerai pourtant, quant aux colonies, l'organisation du port de Lourenço-Marques tellement parfaite que les Anglais décidèrent immédiatement de ne pas construire le port de Santa Luzia pour lui faire concurrence ; l'organisation administrative de la province de Mozambique, lui donnant la faculté et les moyens de s'administrer elle-même ; l'initiation des travaux d'irrigation dans l'Inde Portugaise sans la moindre charge pour le budget de la province ; le développement des travaux du port de Mormogão. Contre l'expectative générale il réussit à obtenir de la conférence de Bruxelles la prolongation du délai pour la transformation de l'industrie de l'alcool et de l'industrie du sucre dans la province d'Angola. Il envoya la première expédition scientifique pour l'étude de la maladie du sommeil à Angola et à l'île du Prince.

A part cette œuvre colossale il y a deux faits qui rendirent son gouvernement extraordinairement populaire et vinrent encore augmenter le grand prestige dont il jouissait déjà. Avant qu'il monte au pouvoir un désastre terrible, où avaient péri grand nombre d'officiers et soldats, avait mis en deuil l'armée et la nation portugaises et compromis sérieusement notre prestige sur les populations indigènes de l'Afrique. Le premier soin de M. Ayres de Ornellas fut de réparer cet échec et de venger la mémoire des vaillants officiers et soldats tués pour la Patrie. Il prépara et organisa avec une promptitude et une adresse exceptionnelles une expédition militaire qui vainquit glorieusement le Cuamato et qui rentra en Portugal triomphalement quelques mois après.

En même temps, pour montrer aux populations d'outre-mer l'intérêt et l'affection que leur témoignait la mère Patrie, il prit l'initiative d'un grand voyage du prince royal aux provinces portugaises d'Afrique et aux colonies anglaises d'Afrique Australe, voyage qui devint une véritable apothéose. Le ministre accompagna le prince et les discours qu'il prononça là-bas, soit en anglais, soit en portugais, empreints d'une admirable éloquence, émurent profondément les populations. Ce voyage fut un des gestes glorieux du ministre de la Marine et des Colonies qui en revint couvert de gloire.

A son retour le roi Don Carlos le nomma son aide-de-camp. Ce fut la première fois qu'un officier de son rang était nommé aide de camp du roi.

Dans la Marine, M. de Ornellas présenta à la Chambre le projet de loi créant la défense mobile des côtes de Portugal que les autorités en la matière considèrent un travail exemplaire; il prépara le changement

AYRES DE ORNELLAS

de l'Arsenal de la Marine pour le sud du Tage, ce qui permettrait de faire les constructions nécessaires ; il organisa les services de la marine séparant la partie militaire de la partie administrative et du service des constructions, etc., etc. Il est bon de rappeler aussi qu'il prit la direction de son ministère après une très grave insubordination de la flotte et que ce fut grâce à son influence et à son habileté que l'escadre ne s'associa pas à la révolution républicaine du 28 janvier 1908.

Après l'assassinat du roi Carlos et du prince héritier, le grand homme d'Etat quitta le pouvoir avec tous ses collègues de ministère et fit un long voyage en Algérie. Il revint à la politique active et employa toute son énergie pour empêcher que le pouvoir ne tombât dans les mains des hommes qui, le 5 octobre 1910, trahirent la monarchie et le roi qui leur avait accordé sa confiance malgré les conseils unanimes des vrais amis de la couronne.

Lorsque la révolution républicaine éclata, ayant été informé que le roi Manuel se trouvait à la Légation d'Angleterre, il s'y rendit en hâte pour recevoir les ordres du souverain. Arrêté immédiatement — M de Ornellas fut le premier officier arrêté par les révolutionnaires, — on le conduisit sous escorte à l'Hôtel de Ville et de là à bord d'un des vaisseaux de guerre révoltés, le *San-Rafaël*, où il resta enfermé pendant plusieurs jours. Lorsque les officiers révolutionnaires lui offrirent la liberté en échange de ne pas combattre la République, le brave militaire, fidèle à ses traditions et à ses convictions, déclara fermement qu'il ne prendrait jamais un tel engagement tant qu'il n'aurait pas causé avec le roi.

Proclamé définitivement le nouveau régime qu'il prévoyait être la ruine de la nation pour la gloire de laquelle il avait travaillé toute sa vie, M. Ayres de Ornellas, dans un beau geste de renonciation, arracha ses galons, déchira son uniforme et donna sa démission qui parut la première en tête du premier *Ordre de l'Armée* de la République.

Ce fut un jour bien triste pour l'armée portugaise...

Prévenu par un ami que le gouvernement provisoire intentait contre lui un procès à cause de sa collaboration dans le gouvernement de João Franco, il sortit du pays qu'il aimait tant et où il ne rentrera plus jusqu'au jour où S. M. le roi Don Manuel s'assiéra de nouveau sur le trône pour libérer son peuple.

Telle est la figure de l'homme, tel est le passé de l'ancien ministre de la Monarchie vaincue d'hier, et du futur ministre de la Monarchie victorieuse de demain.

H. Ch., F.

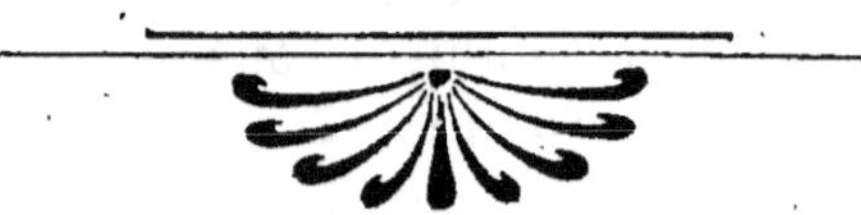

L'Armée Portugaise

SOUS LA MONARCHIE

« Dans la bonne comme dans la mauvaise fortune, écrit le général Foy dans l'introduction de sa *Guerre d'Espagne et de Portugal*, les Français regardèrent les corps portugais comme *l'élite* de l'armée qu'ils avaient devant eux... »

Cet éloge fut mérité pendant les campagnes des Pyrénées-Orientales, durant la Révolution. Les grandes guerres de l'Empire virent, surtout en 1809 et 1812, la *Légion Portugaise* aux ordres d'Oudinot et de Ney se couvrir de gloire et mériter les éloges de chefs si exigeants et de l'empereur lui-même aux combats de Valoutina et la veille et le jour de Wagram. De son côté, Wellington dans son rapport sur la campagne des Pyrénées contre le maréchal Soult, écrivait que les Portugais étaient les *coqs-de-combat* (the fighting cocks) de l'armée.

Tels étaient les soldats de l'ancienne armée de la monarchie aux débuts du XIXe siècle.

Les guerres civiles qui ensanglantèrent le pays pendant le second quart de siècle occupèrent malheureusement l'activité de l'armée qui révélait toujours ses traditionnelles qualités de bravoure et d'endurance. Il faut arriver aux dernières années du siècle pour la voir reprendre aux colonies un rôle véritablement digne d'elle.

Ce fut le Congrès de Berlin qui posa le principe de *l'occupation effective* comme garantie de la possession des territoires africains. Les tribus indigènes qui acceptaient la souveraineté traditionnelle du Portugal, se refusèrent d'abord à comprendre les devoirs qui en découlaient. Ce qui donna lieu à une série d'opérations militaires qui se déroulèrent pendant quelques années dans les grandes possessions africaines, à Angola et en Mozambique surtout.

Les principes tactiques suivis avec tant de succès dans ces guerres coloniales furent inspirés principalement des exemples français. C'est surtout à l'ouvrage classique de Peroz, la *Tactique au Soudan*, que les chefs d'état-major, Eduardo da Costa et celui qui écrit ces lignes prirent les formations si souples et si sûres de marche et de combat qui firent glorieusement leurs preuves en mainte affaire. Les carrés portugais résistèrent à toutes sortes d'épreuves. A Marraquene, une des faces du camp, composée des troupes nègres, fut enfoncée par l'attaque foudroyante des indigènes, aux dernières heures d'une nuit pluvieuse. C'est le second rang des faces des troupes européennes, qui dut employer la baïonnette pour nettoyer l'intérieur du carré, en chasser l'ennemi et remporter la victoire. A Mozenga, trahie par les guides, la colonne est attaquée à l'improviste dans la clairière d'une épaisse forêt, et soutient *vingt-deux heures* de suite les attaques incessantes d'un ennemi audacieux sûr du triomphe, et rentre le lendemain au camp, sans laisser en route un seul chariot.

Dans la région du Sud, Coolella et Macontene sont de vraies batailles rangées, où les carrés sont vainqueurs par le feu, si meurtrier, dans les grandes plaines du pays de Gaza et où la cavalerie complète la victoire. La prise du chef Gungunhana, par un coup de main hardi, valut à Mouzinho de Albuquerque, alors capitaine, la Légion d'honneur française et l'Aigle rouge allemande. Ce fut un fait d'armes de réputation européenne et le digne couronnement d'une rude campagne.

A Angola, tout récemment encore, la campagne du Cuamato venait montrer que les troupes portugaises savaient vaincre ces mêmes Herrero qui donnèrent tant de mal aux troupes allemandes.

Le roi Don Carlos prenait un intérêt tout spécial aux choses de l'armée. Il était, d'ailleurs, profondément versé dans toutes les sciences militaires, et tous les détails du métier étaient connus de lui. Il connaissait personnellement tous les officiers de l'armée et il savait parfaitement leur valeur professionnelle.

Son amour pour les institutions militaires du pays était constamment en éveil. Par tous les temps il suivait manœuvres et exercices de toute sorte. Il avait sa chambre toujours prête dans les différentes écoles d'application ; et il menait au camp la vie d'un officier quelconque.

L'armée avait une place toute particulière dans son vaste projet de reconstitution nationale ; c'était une école où il voulait faire passer la nation. Et il savait bien que les exigences de l'empire colonial portugais seraient toujours pour l'armée un merveilleux entraînement. Aussi nul autre plus que lui ne suivait les moindres accidents de ces campagnes lointaines, nul n'en surveillait la préparation avec un soin plus attentif ; et le roi se faisait un devoir d'être le premier au départ des troupes comme il serait le premier à leur retour triomphal.

La mort, malheureusement, se chargea de faucher successivement tous les chefs qui avaient acquis du prestige dans les campagnes d'Afrique, Caldas Xavier, Eduardo Costa, Mouzinho, Galhardo. Et après l'assassinat du roi Carlos la propagande antinationale des *carbonarios* se fit en toute liberté.

La République a changé l'organisation de l'armée. Elle a fait un mauvais pastiche de l'organisation suisse. Cependant tout le monde sait que cette organisation de *milices* n'est possible qu'en Suisse, parce que « la nation est essentiellement guerrière, parce que la Suisse est profondément disciplinée, parce qu'elle est patriote dans le sens le plus élevé du mot, patriote sans forfanterie, sans grandiloquence, mais simplement, honnêtement, ardemment, parce que les charges militaires sont en honneur, et que tous les citoyens, même ceux de la plus haute situation sociale en acceptent les conséquences, quelles qu'elles soient, sans plaintes, comme un devoir sacré. » (Général Maitrot, *Nos Frontières de l'Est et du Nord.*)

Croira-t-on possible de développer de pareilles vertus sociales sous le régime dont le Portugal souffre à présent ?

AYRES DE ORNELLAS.

L'Assassinat de Canalejas

Président du Conseil des Ministres d'Espagne

fut l'Œuvre des Républicains Portugais

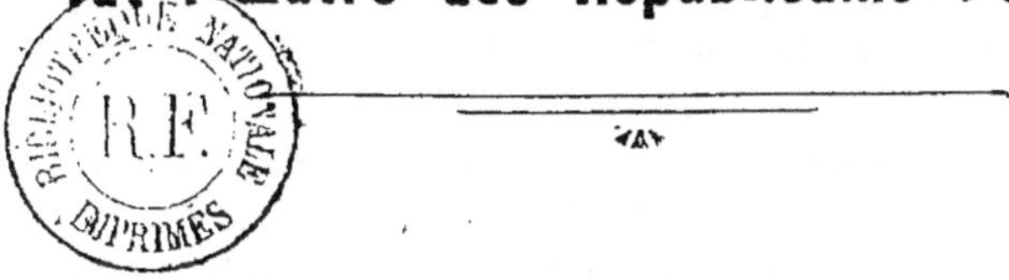

L'attentat dont fut victime il y a quelque temps le président du Conseil des ministres d'Espagne causa dans tout le monde la plus vive surprise.

On ne s'étonnerait pas de voir tuer Alphonse XIII, M. Maura ou M. La Cierva. Mais l'assassinat de Canalejas, qui permettait aux révolutionnaires tous les excès, toutes les violences, et qui, par sa politique d'abdication constante devant les exigences des démagogues, conduisait la monarchie espagnole à une situation bien critique, l'assassinat de Canalejas a paru tout d'abord comme un mystère difficile à éclaircir.

Pourquoi a-t-on tué Canalejas ? C'était la grave question que se posaient réciproquement ceux qui connaissent de près la politique espagnole et suivent attentivement les agissements des démagogues.

Or, il faut mettre les choses au point. Les journaux du monde entier ont annoncé la mort de Canalejas, victime d'un attentat anarchiste. Ce n'est pas juste. Pardinas était peut-être anarchiste comme l'étaient Buiça et Costa, les assassins du roi Carlos. Mais si personne n'a jamais attribué la mort du roi Carlos à l'anarchisme, il serait ridicule de lui attribuer maintenant celle du premier ministre espagnol.

Oui, Pardinas était anarchiste, comme les assassins du roi Carlos. Seulement ils appartenaient au nombre de ceux qui s'intéressent à la forme de gouvernement et qui jugent la forme républicaine plus avantageuse pour la propagande révolutionnaire que la forme monarchiste. Buiça et Costa collaboraient dans une étroite intimité avec les républicains portugais et obéissaient aux ordres de la maçonnerie. Ils appartenaient à la *Carbonaria* qui est une association secrète affiliée à la puissante association internationale du triangle et du rateau.

Ce ne fut donc pas au nom de l'*idée anarchiste* que Buiça et Costa tuèrent le roi Carlos, comme ce ne fut pas au nom de l'idée anarchiste que fut tué Canalejas. L'attentat de Lisbonne comme celui de Madrid furent déterminés par l'intérêt d'une bande politique qui voyait dans le roi Carlos un ennemi invincible et dans Canalejas un obstacle ennuyeux.

Canalejas n'avait jamais commis dans sa vie politique la moindre violence, la moindre tyrannie. La révolte du *Numancia* a été châtiée avec une seule exécution, ce qui est une merveille si nous pensons aux traditions, aux coutumes et aux lois espagnoles. Les assassins de Cullera ont été graciés. Sa politique fut toute d'habileté. Il était toujours prêt à transiger. Donc, en le tuant, les anarchistes ne *vengeaient* pas les atrocités commises et n'en empêchaient pas d'autres. Canalejas ne pouvait pas être condamné par le monde libertaire, ce serait un sacrilège de le tuer au nom de l'anarchie.

Pourtant le malheureux ministre avait des ennemis acharnés, des haines féroces. D'où venaient ces haines, qui étaient ces ennemis ? C'est là tout le secret du mystère. L'origine des haines dont Canalejas fut victime est la question portugaise. Son crime consista dans la protection qu'on prétend qu'il a accordée aux monarchistes portugais.

Dernièrement, les républicains espagnols, armés et protégés par le gouvernement de Lisbonne, qui n'a jamais cessé de conspirer contre la monarchie d'Alphonse XIII, tentèrent une révolution en Espagne. Le mouvement échoua et on attribua cet échec aux manœuvres habiles de Canalejas. La République portugaise se sentit perdue, sa seule chance de salut serait la proclamation de la république en Espagne. D'un autre côté, si la démagogie de Lisbonne tombait, le gouvernement d'Alphonse XIII n'aurait plus rien à craindre.

L'imminence du danger a donc étroitement uni les démagogues de la Péninsule. En 1908 on décida, à Lisbonne, après l'échec de la révolte républicaine du 28 janvier, l'assassinat de Dom Carlos. En 1912, et après l'échec de la tentative républicaine faite en Espagne au mois d'octobre, c'est à Lisbonne aussi qu'on décida l'assassinat du roi d'Espagne ou de Canalejas.

On ne put tuer le roi, on tua donc le ministre. Et si cela ne suffit pas aux bandits qui ont à leur tête, en Portugal, Affonso Costa, dont la vie est une honteuse succession de crimes de droit commun, en Espagne, Rodrigo Soriano mêlé à des affaires des plus louches, escroc et lâche fameux, on en tuera d'autres, on en tura autant qu'il faudra pour réussir.

Ils tuèrent le roi Carlos et le prince héritier. C'est au prix de ce crime odieux qu'ils sont montés au pouvoir. Ils font tous les jours dans la presse et dans la tribune, au Parlement même, l'apologie des assassins.

Il n'y a pas longtemps, le capitaine de vaisseau, député, commandant en chef des troupes qui proclamèrent la république à Lisbonne, Machado dos Santos, conseillait publiquement, en article de fond dans son journal « O Intransigente », aux républicains espagnols de tuer le roi Alphonse XIII.

Cet article fameux, publié au mois de novembre ou décembre de l'année passée fut reproduit par plusieurs journaux de Madrid, parmi lesquels *La Manana*, organe officieux de Canalejas, et *El Universo*.

Pardinas, l'assassin de Canalejas, était à Lisbonne au moment de l'assassinat du roi Carlos et du prince

Louis-Philippe. Il faisait partie de la *Carbonaria*. Il habitait chez un des dynamiteurs les plus connus de Lisbonne et c'est dans cette ville même qu'il apprit la fabrication des bombes explosives.

Ce n'est pas moi qui le dis, ce sont les journaux gouvernementaux de Lisbonne — et il n'y en a pas d'autres — qui l'affirment avec fierté.

Quelques jours avant l'assassinat. Pardinas était à Paris où il eut de nombreuses conférences avec les carbonarios portugais qui sont ici pour surveiller les faits et gestes des royalistes et même pour les poignarder, s'il le faut.

Parmi les individus que l'assassin a fréquentés à Paris se trouve M. Brito Camacho, un des chefs républicains les plus en vue, connu par l'abjection de son âme. et de son corps. Ce sinistre personnage se fit remarquer dans le temps en Portugal par ses idées en faveur de la *propagande par le fait*.

Il écrivit même un opuscule intitulé « Deux Crimes » où il fait l'apologie de l'assassinat du roi Umberto Ier d'Italie et du Président Sadi Carnot. Il fut et il est défenseur enragé de l'élimination politique au moyen de l'assassinat.

En même temps Brito Camacho était le mentor du dernier Président du Conseil des ministres du Portugal et le plus puissant des chefs républicains. *Il partit pour Lisbonne deux jours avant le départ de Pardinas pour Madrid.*

Quand la nouvelle de l'assassinat parvint à Lisbonne des manifestations de réjouissance eurent lieu dans les rues et sur les places publiques et des vivats à la *République espagnole* et à la *République ibérique* furent lancés parmi d'autres cris de : « *A mort Alphonse XIII !* » La police intervint, dispersa les manifestants, mais aucune arrestation n'eut lieu.

En même temps, M. José Relvas, ministre de Portugal à Madrid, courait au ministère de l'Intérieur où venait d'être conduit le corps encore chaud de l'infortuné président du Conseil et y arrivait le premier...

Non ! L'attentat de Madrid ne fut pas un crime anarchiste. Pardinas n'a pas tué pour l'idéal libertaire. Il n'a pas tué par ordre, par indication ou pour le compte des anarchistes qui n'avaient dans ce crime monstrueux, le moindre intérêt, ni direct, ni indirect. Pardinas a tué pour le compte de la démagogie stupide mais perverse, sans idéal ni conscience, qui règne en Portugal.

L'enthousiasme avec lequel a été accueillie à Lisbonne la nouvelle du crime, les manifestations dans les rues, les fusées, les vivats et les discours ne viennent que confirmer d'une manière irréfutable ce que les antécédents montraient déjà clairement.

La *Camorra* portugaise poursuit donc, triomphante, son œuvre scélérate de destruction et fait tous les jours de nouvelles victimes. Elle ne s'arrête devant aucun obstacle, elle n'hésite devant aucun crime. Avant l'assassinat du roi Carlos, João Franco, alors président du Conseil, devait avoir le même sort. Il échappa par miracle.

Je n'hésite pas à affirmer que, si l'assassinat de Canalejas ne suffit pas aux bandits pour mener leur œuvre à bon terme, Alphonse XIII, le jeune et vaillant roi d'Espagne, tombera aussi victime de la bande noire.

Si Alphonse XIII et les hommes politiques qui l'entourent ne se décident pas à suivre l'unique chemin que les circonstances leur imposent, s'ils perdent du temps en de vaines hésitations, nous verrons bientôt l'anarchie qui domine le Portugal envahir l'Espagne et entraîner la péninsule dans le plus affreux des abîmes.

Les hommes qui dominent le Portugal n'ont aucune sorte d'opinions politiques. Ils se disent républicains et ils sont la honte de la démocratie. Ils ne méritent ni le respect, ni la considération de l'Europe. Ce sont, comme a dit, dans un moment de sincérité, le chef militaire de la révolution, « des gens de la plus basse extraction, des échappés de l'enfer, des êtres sortis du bagne ». Leur œuvre, pour me servir encore des paroles de Machado Santos, est « une œuvre ténébreuse de destruction de tout ce qui est honnête, œuvre de calomnie contre tout ce qui est noble, de bassesse et d'infamie contre tout ce qui est grand et généreux ».

Ce sont des assassins, assassins de Nunes Pedro, assassins du roi Carlos, assassins du prince Luis Philippe, assassins du lieutenant Alberto Soares, assassins de Canalejas et de centaines de pauvres gens qui subissent dans des geôles infectes les pires atrocités.

L'Europe ne peut pas les traiter en honnêtes gens. C'est une offense à la conscience humaine. Qu'elle les considère comme des assassins et qu'elle les traite — en assassins !

H. Ch. F.

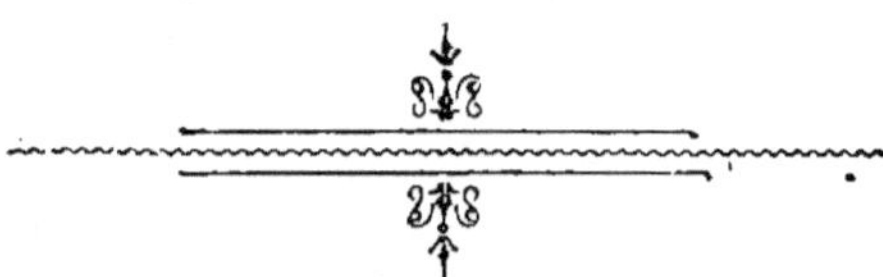

MANIFESTE

Sa Majesté le Roi Don Manuel

AUX ÉMIGRÉS & A LÁ NATION PORTUGAISE

Ayant appris qu'on répandait parmi vous le bruit qu'après les événements de juillet, Je m'étais désintéressé de la Cause dont Je suis le Représentant, abandonnant ceux qui, avec tant de dévouement, de sacrifice et de bravoure, l'ont servie et défendue, et renonçant à une œuvre politique du triomphe de laquelle dépend le propre salut de la Patrie, J'entends ne pas devoir laisser sans le démenti le plus formel et le plus catégorique ces faux bruits qui sont profondément offensants pour Mon caractère comme homme, pour Mon patriotisme comme Portugais, et pour Mon honneur comme Roi.

Je repousse, de la façon la plus catégorique et la plus solennelle, toutes ces affirmations injustes et absolument dénuées de fondement, d'où qu'elles découlent.

Je suis et Je serai toujours au poste que le devoir m'impose, à la tête de Mon Peuple, pour servir ses aspirations de liberté, de justice, d'ordre, de tolérance, de paix sociale que la Monarchie lui a toujours assurées par des lois et par le respect de ces lois ; à la tête de tous ceux, des plus illustres aux plus humbles, qui, fidèles au régime légal et au souverain qui le représente, ont tout sacrifié à ce noble sentiment de loyauté ; leurs situations, leurs fortunes, leur liberté et même leur vie ; les uns souffrant les amertumes de l'exil, d'autres les misères et les horreurs des geôles ou les vexations infamantes du régime pénitenciaire, d'autres tombant héroïquement sur le champ de l'honneur, à l'ombre du drapeau qu'ils n'ont pas su trahir.

Je me sens de plus en plus identifié, dans une intime communion d'idées et de sentiments, avec Mon pays, avec le principe politique dont J'ai l'honneur d'être le Représentant, avec tous ceux qui, par tous les moyens, l'ont noblement servi.

La cause monarchiste n'est pas morte à Chaves, à Valença ni à Cabeceiras de Basto. Ces faits ne furent pas une liquidation politique, mais seulement l'insuccès d'une attaque audacieuse et acharnée, où un effort héroïque s'est perdu, mais d'où l'honneur est sorti intact. Des circonstances imprévues, des contrariétés irréparables ont rendu impossible la réalisation du plan du brave et noble capitaine Païva Conceiro et de ses vaillants officiers et soldats, aussi bien que l'action des masses populaires qui ont répondu au cri de révolte.

Mais l'extension de ce mouvement, qui a secoué presque tout le pays et qui ne fut dominé que grâce à la surveillance extraordinaire et aux manœuvres des éléments terroristes qui sont la véritable et l'unique force de la République ; la bravoure impétueuse de certains, la tenace résistance d'autres, l'abnégation et l'esprit de sacrifice de tous, les milliers d'arrestations effectuées du nord au sud du Portugal — tout cela prouve éloquemment son importance, sa force, son étendue, sa signification politique et morale.

Non, la mort est impossible d'une Cause qui soulève de pareils enthousiasmes, qui provoque cette indomptable résistance, ces dévouements, ces martyres, ces holocaustes sacrés, cette fermeté d'âme, ce courage inébranlable, toutes ces nobles vertus devant lesquelles Je m'incline avec respect et qui remplissent Mon cœur d'une émue et profonde reconnaissance et, en même temps, d'un fort sentiment d'orgueil de me sentir *Roi d'un tel peuple.*

D'un autre côté, l'expérience de ces deux années d'anarchie révolutionnaire, où le désordre, contre lequel les gouvernements républicains sont impuissants, paraît être la loi de notre vie publique ; où toutes les libertés et toutes les garanties furent supprimées ; où les croyances religieuses du pays, ses vieilles croyances, si intimement liées aux splendeurs de sa vie historique, sont devenues l'objet d'une persécution odieusement sectaire et liberticide ; où, selon le témoignage des propres républicains, une Constituante fut élue sans l'intervention des électeurs ; où toutes les corporations locales sont entre les mains des délégués du gouvernement (comme il l'avoue publiquement), pour éviter un triomphe électoral des monarchistes, certain et inévitable si la liberté du vote n'était pas actuellement, en Portugal, une duperie — les résultats des urnes étant le produit de la fraude ou de l'intervention de la force armée, — cette cruelle et douloureuse expérience de deux ans d'anarchie révolutionnaire a servi uniquement à identifier plus complètement encore le pays avec le principe monarchiste aboli le 5 octobre 1910, non pas par un acte de la volonté souveraine de la Nation, mais par une spoliation violente, par hasard victorieuse, qui fut l'œuvre exclusive d'une petite fraction, autant de la garnison militaire que de la population civile de Lisbonne.

Le mouvement royaliste portugais n'est donc pas la revanche d'un parti politiquement vaincu, ni une lutte stimulée seulement par la satisfaction d'un simple caprice dynastique ; c'est réellement et effectivement l'expression de la volonté nationale, qui voit, dans la restauration de la Monarchie, le dernier moyen de salut de la Patrie.

C'est avec cette pensée, qui est celle de tout le Peuple portugais — à l'exception de la minorité qui domine despotiquement par la violence et la terreur — avec cette pensée qui est la première qui s'impose à Mon esprit, dans ce moment solennel, que Je m'adresse à vous tous, exilés comme Moi, et à ceux qui, en Portugal, après tant de souffrances, conservent encore ardente la foi dans notre cause, pour vous affirmer que le drapeau de la Monarchie, le drapeau de la liberté, de la justice, de l'ordre, continue à flotter entre Mes mains, afin que, sous ses plis, s'unissent et se concentrent toutes les énergies, tous les dévouements, toutes les bonnes volontés qui veulent travailler à l'œuvre patriotique que représente et symbolise le drapeau bleu et blanc.

15 septembre 1912.

Don Manuel, Roi.

Le Chef de la Carbonaria

Antonio Maria da Silva

Ministre des Travaux Publics

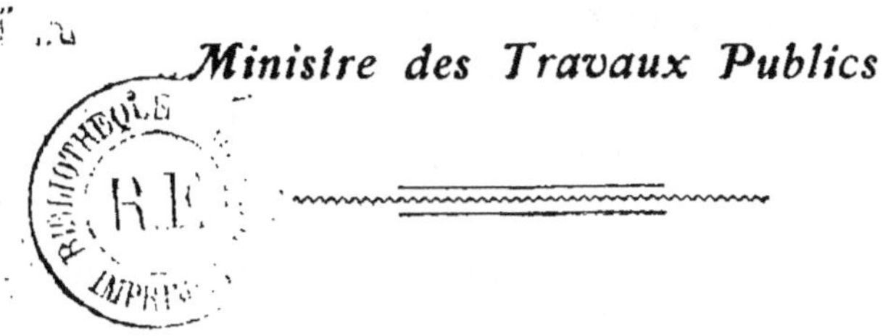

Comme nous l'avons expliqué dans un **des** articles précédents, l'avènement du cabinet actuel, présidé par Affonso Costa, est le triomphe définitif de la démagogie.

N'ayant pas de majorité parlementaire, Affonso Costa, lorsqu'il fut invité par le Président de la République à constituer cabinet, s'adressa au groupe des *indépendants* et lui demanda son aide. Ce groupe, dont Antonio Maria da Silva est le président, venait de refuser son appui au chef du parti *évolutionniste* pour le seul fait que celui-ci était partisan de l'amnistie aux condamnés politiques, tandis que les *indépendants* en sont les adversaires.

Affonso Costa offrit à Antonio Maria da Silva le portefeuille des Finances et le chef de la *carbonaria* s'empressa d'accepter et de lui promettre l'appui de son groupe. Ainsi fut organisé le ministère actuel.

Cet Antonio Maria da Silva est un misérable ingénieur amateur que personne ne connaissait en Portugal avant la révolution républicaine. Plutôt, il était connu, mais seulement... de la police. Très ambitieux, ivrogne invétéré, bohémien incorrigible, tapeur de profession, le ministre actuel passait sa vie dans les bars, et ce fut dans un endroit de ce genre qu'il entra en relations avec certains révolutionnaires républicains. Homme actif, intrigant habile, Antonio Maria da Silva réussit, au bout d'une courte période, à acquérir une certaine influence parmi les *carbonarios*, qui étaient, à ce moment-là, en train d'organiser leur association. Il ne tarda pas à en être même un des chefs, malgré l'opposition d'Affonso Costa, pardon, Affonso Maria de Ligorio, qui le détestait et qu'il détestait parce que *l'enfant trouvé* ne lui témoignait pas toute la considération à laquelle il croyait avoir droit.

Enfin, Antonio Maria da Silva fut élu par les apaches qui composent la *carbonaria* membre de la *Haute Vente*, qui est le comité exécutif de la fameuse association secrète.

La République proclamée, le jeune arriviste se rangea parmi les adversaires les plus féroces d'Affonso Costa qui, disaient-ils, menait la république à la ruine et au discrédit. Le ministre actuel souhaitait alors une république conservatrice, et comme il était difficile, sinon impossible, de neutraliser l'influence de *l'enfant trouvé*, les éléments conservateurs du nouveau régime organisèrent un complot pour tuer Affonso Maria de Ligorio. Tous les jours, vers deux heures du matin, un groupe de *carbonarios*, officiers de marine et officiers et soldats de l'armée, se réunissait à la rédaction du journal *O Intransigente* avec Machado dos Santos, chef des troupes qui proclamèrent le régime actuel et qui jouissait alors d'une grande influence, pour préparer l'assassinat du dictateur républicain. Antonio Maria da Silva était des plus féroces et des plus actifs. Au bout de quelques jours, le plan du meurtre était arrêté dans tous ses détails et il allait être mis à exécution lorsque, par hasard, Affonso Costa, alors ministre de la Justice du gouvernement provisoire, fut informé du sort qui lui était réservé.

Quelques jours après — deux ou trois jours, je ne m'en souviens pas au juste, — le *Journal officiel* publiait un décret nommant le chef de la *carbonaria*, Antonio Maria da Silva, directeur général des Postes et Télégraphes...

Affonso Costa avait touché juste. Acheter le bandit était, pour le ministre de la Justice, la meilleure manière de se défendre. Il savait bien que son adversaire ne reculerait devant aucun moyen pour atteindre son but, qu'il avait sous ses ordres toute une bande d'assassins récoltés dans les quartiers les plus infects de Lisbonne, et que sa vie courait, par conséquent, un réel danger.

Comme par enchantement, toute agitation contre Affonso Costa cessa, le complot fut défait, le dictateur scélérat vit encore, il est même le président du Conseil des ministres et son bras droit, son principal soutien, est le chef de la *carbonaria*, ivrogne invétéré, bohémien incorrigible, tapeur de profession, escroc amateur, Antonio Maria da Silva.

Voici le portrait du personnage. Vous savez déjà de quoi il est capable. Vous imaginez certainement ce qu'il fera au pouvoir.

Voulez-vous maintenant connaître son œuvre ?

La *Carbonaria* est une association secrète, dédoublement de la Maçonnerie. Car, il ne faut pas l'oublier, la révolution portugaise fut l'œuvre de la Maçonnerie, et c'est encore grâce à l'appui que lui donnent les frères étrangers que la république se soutient. D'ailleurs, l'influence de la maçonnerie dans la politique portugaise date du XVIIIᵉ siècle ; ce fut elle qui inspira la politique antireligieuse du marquis de Pombal ; ce fut elle qui prit ouvertement la direction du mouvement antidynastique ; qui organisa le complot pour tuer le roi Carlos et le prince héritier, et qui orienta, dès la première heure, tous les actes du nouveau régime. Le massacre des prêtres au lendemain du 3 octobre 1910, l'expulsion des moines, les violences et les injures dont furent victimes les religieuses, la suppression des congrégations, l'attaque des couvents, la loi de l'enseignement laïque et la loi du divorce, la séparation de l'Eglise et de l'Etat, l'exil des évêques et l'arrestation de plus de 500 membres du clergé, — tous ces actes furent déterminés par la secte maçonnique à laquelle appartiennent tous les chefs républicains et qui compte actuellement, en Portugal, plus de 260 loges.

C'est un fait historique qu'à la veille des mouvements révolutionnaires la maçonnerie se dédouble en associations secrètes possédant une organisation propre. C'est là l'origine de la *Carbonaria*, dont on parle tant, mais dont la composition est restée, jusqu'à maintenant, inconnue à l'étranger.

Cette association fut découverte par le juge d'instruction Antonio Emilio d'Almeida Azevedo lors de l'assassinat de Nunes Pedro à Cascaes, un des nombreux crimes dont le fameux parti républicain portugais est responsable. Elle se compose des éléments suivants : *venda* (vente), *barraca* (baraque), *choça* (chaumière) et *canteiro* (maçon). Chaque *venda* compte 5 *barracas* ; chaque *barraca*, 4 *choças*, et chaque *choça* 4 *canteiros*. Chaque *canteiro* commande 5 hommes ; chaque *choça* en comprend 21 ; chaque *barraca*, 105, et chaque *venda* 525. La direction suprême est confiée à un comité composé d'un nombre impair de membres et présidé par un haut personnage maçon qui reçoit directement et fait exécuter les délibérations de la maçonnerie. Ce personnage était, en Portugal, le chef du parti *évolutionniste*, Antonio José d'Almeida. Son lieutenant, directeur du comité exécutif, est Luz d'Almeida, personnage trop connu, que le gouvernement républicain a nommé député et directeur d'une des bibliothèques nationales. Le comité exécutif de la *Carbonaria* s'appelle *Alta venda* (Haute vente), et c'est à ce comité que préside l'actuel ministre des Travaux publics, Antonio Maria da Silva.

Le rôle de la *Carbonaria* a été très important, avant comme après la proclamation de la république.

Il serait difficile de préciser le nombre de meurtres et d'attentats de tous genres commis par cette association non seulement tolérée, mais protégée et soutenue par le gouvernement républicain. Ce seul fait suffit pour définir un régime.

Après le triomphe, les *carbonarios* devinrent les maîtres absolus de la situation. Les 32.000 membres de la puissante association, qui, depuis deux ans, ravage le pays, ont commencé à recevoir la mensualité de 150 francs que leur donne le gouvernement en récompense des services qu'ils rendent au nouveau régime. A toute heure du jour ou de la nuit, ils arrêtent qui bon leur semble, sans mandat, sans raison, seulement par jalousie, par haine, par vengeance personnelle. Si une personne veut se venger d'une autre, elle la dénonce comme *conspirateur* aux carbonarios, et, sans autres formalités, ils se présentent chez le suspect, un flambeau dans la main gauche et un revolver dans la droite : « Ouvre la porte ou nous faisons sauter la maison à la dynamite. » Si le malheureux résiste, la maison saute ; s'il se laisse arrêter, on apprend, quelques jours après, qu'il est mort d'un mal mystérieux, à moins qu'on n'entende plus du tout parler de lui.

La fabrication des bombes explosives est une des branches d'activité de cette association que les journaux gouvernementaux ne se lassent pas d'encourager quotidiennement dans ce qu'ils appellent la *défense de la liberté*. Ces bombes sont destinées à faire sauter les maisons des suspects et à résister aux royalistes, dans l'éventualité d'un soulèvement. Ces bombes sont *nationales*. L'inventeur est un Portugais, membre de la *Carbonaria*, appelé José Maria Nunes, qui a été déclaré « bienfaiteur de la patrie ». Tout récemment, il publia un volume illustré intitulé *la Bombe explosive*, manuel pour la fabrication de ces engins, qui fut imprimé aux frais du gouvernement dans les ateliers de l'imprimerie nationale et distribué gratuitement aux écoles communales des deux sexes. C'est l'Evangile républicain.

Dans la préface de ce livre, écrite par M. Eugenio Vieira, chef républicain, on lit des phrases de ce genre ; « Ce livre, dans son humilité, a une grandeur épique... Dans les pages de ce livre, si on les parcourt attentivement, on rencontre des tragédies extraordinaires, des idylles entre la mort et l'amour, une semaille d'actions généreuses qu'il faudra faire fructifier dans l'âme des générations futures... Cet ouvrage est aussi l'ébauche de la mentalité portugaise en ce qui concerne le progrès des idées sociologiques... Ce livre est digne d'entrer dans la maison de tout bon patriote, car il est un éducateur par l'exemple, de ce genre d'éducateurs qui doivent être présents partout dans une société qui n'est pas encore démocratisée, car, s'il est vrai que la république a été faite dans les rues par la force des armes il n'en est pas moins vrai qu'elle est presque encore complètement à faire dans les consciences et dans les foyers ! » L'inventeur, dans le prologue, s'exprime ainsi : « J'espère que ce livre contribuera à éclairer les cerveaux enfantins en leur donnant la lumière de l'esprit, la flamme resplendissante qui doit racheter cette patrie glorieuse !... »

Ensuite le *bienfaiteur de la patrie* énonce les différents modèles de bombes qu'il a inventées et qui sont au nombre de six :

Modèle n° 1 : Bombe sphérique ;

Modèle n° 2 : Petite mitrailleuse ;

Modèle n° 3 : Bombe cylindrique avec vis ;

Modèle n° 4 : Bombe triangulaire ;

Modèle n° 5 : Bombe cylindrique avec cannelure ;

Modèle n° 6 : Grande mitrailleuse.

Il y a encore deux autres types employés fréquemment par les *carbonarios* : la bombe à percussion et la bombe avec serpentin ; mais elles sont d'origine étrangère.

Presque quotidiennement, les journaux étrangers publient des dépêches relatant des explosions qui ont eu lieu en Portugal et dans lesquelles, parfois, des dizaines de personnes trouvent la mort.

Telle est la *Carbonaria*. Tel est le rôle exercé actuellement en Portugal par la maçonnerie. Tel est le régime que les puissances européennes ont officiellement reconnu.

HOMEM CHRISTO FILHO.

Soc. anon. des Imp. Wellhoff et Roche, 16-18, r. N.-D.-des-Victoires, Paris. — Téléph. 316-33. — Anceau, directeur.

La Contre-Révolution

ne dit que la vérité, mais elle dit toutes les vérités.

" La Contre-Révolution " ne paraît pas à jours fixes, mais seulement quand son auteur le juge nécessaire.

Le prochain numéro de " La Contre-Révolution " contiendra des révélations vraiment sensationnelles sur la bande qui terrorise le Portugal depuis deux ans et qui est la honte de l'Europe civilisée.

En vente à nos bureaux,

18, rue Notre-Dame-des-Victoires, 18

et dans tous les kiosques des grands boulevards.

Prix : 1 franc.